프리드리히 슐레겔의 초월철학강의

프리드리히 슐레겔의

초월철학강의

(예나, 1800/01)

이관형 옮김

Mindcube

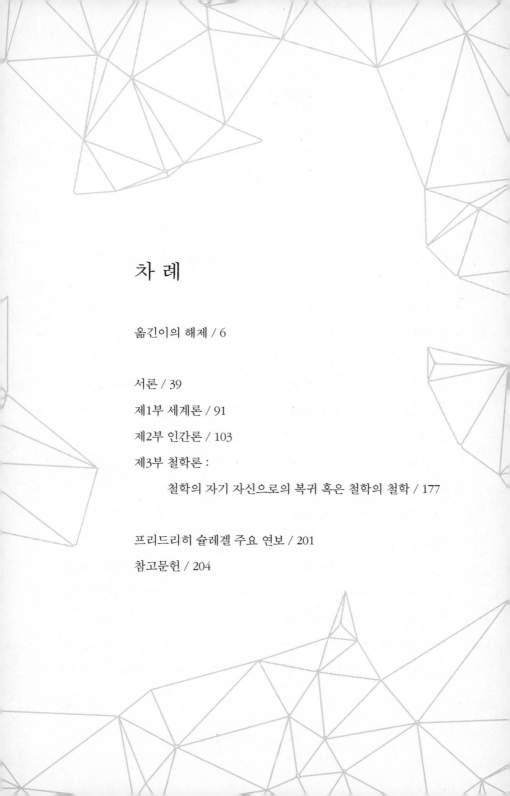

차 례

옮긴이의 해제

머리말

근래 들어 독일 초기 낭만주의에 대한 관심이 점증하고 있다. 이유는 근대적 합리성(이성 중심적 사유방식)의 기획에 대한 회의와 이에 대한 대안 모색과 관련이 있다.

근래의 이 관심은 독일 낭만주의의 연구방향 자체의 변화를 수반한다. 과거의 연구가 주로 '문예이론과 비평' 쪽에 집중되어 왔다면 최근의 연구는 '철학'으로 그 연구영역이 확대되고 있다.

이런 상황에서 주목받고 있는 사람이 프리드리히 슐레겔이다. 그는 독일 초기 낭만주의의 대표적인 이론가이다. 그는 문예이론가, 비평가로서는 명망이 높았지만 오랜 기간 철학자로 분류되지는 않았다. 그러나 그가 남긴 방대한 양의 철학 강의와 저술들이 발견 혹은 재평가되면서 그의 철학에 대한 연구가 활발해지고 있다. 독일 초기 낭만주의 연구가 문예이론에서 철학으로 확대된다고 할 때 그 중심에는 슐레겔과 그의 철학이 있는 것이다.

슐레겔의 초기 철학사상은 Fr. Schlegel, Philosophische Vorlesungen [1800-1807], KA XII.- XIII. hrsg. von Jean-Jacques Anstett(1964)에 수록되어 있다. 여기에는 예나(Jena)대학에서 행한 『초월철학강의』(1800/01)와 쾰른(Köln)에서 지인들을 대상으로 행한 『철학의 발전, 전12권』(1804/05), 『철학입문 및 논리학』(1805/06), 프랑스 오베르장빌(Aubergenville)에서

강의한『형이상학』(1806/07) 등이 들어 있다.

슐레겔의 철학은 슐라이어마허 등에게 영향을 주어 '철학적 해석학'을 낳게 한다. 또한 그의 '생철학(Lebensphiosophie)', '역사철학', '언어철학' 등은 딜타이(W. Dilthey), 니체(F. Nietzsche), 베르그송(H. Bergson), 하이데거(M. Heidegger) 등에게 영향을 미친다. 그의 철학은 100년 이상 동안 '인용부호 없이 인용'되어 왔다. 그는 강단의 직업철학자는 아니었다. 그렇지만 동시대의 철학 천재들인 피히테, 셸링, 헤겔 등과 어깨를 나란히 할 수 있을 만한 독자적인 입장과 사상을 지니고 있었던 것은 틀림없다.

가장 직접적인 영향은 발터 벤야민(W. Benjamin)에서 볼 수 있다. 그는 자신의 박사학위 논문인『독일 낭만주의의 예술비평개념』(1920)[1]을 통해 독일 낭만주의의 예술비평을 이해하기 위해 이들의 인식론적 전제, 즉 철학을 이해하지 않으면 안 된다는 선구적인 주장을 편다. 아울러 초기 낭만주의를 이해·수용하여 자신만의 독창적인 이론 수립과 실제적인 적용으로 나아간다. 우리는 그 실례를 그의 교수자격 취득 논문(Habilitationsschrift)인『독일 비애극의 원천』(1924)에서 발견한다. 이 논문에서 그는 슐레겔로부터 수용하여 발전시킨 "알레고리" 개념을 통해 16~17세기 독일 바로크 드라마(=비애극)의 특징을 분석한다. 이로써 독일 "비애극(Trauerspiel)"이 고대 그리스 "비극(Tragödie)"의 단순모방이

---

1) 벤야민이 슐레겔의 초기 철학에 영향을 받은 것은 확실하다. 그렇지만 벤야민은 위의 두 논문 집필 당시『초월철학』을 읽지 못했다.『초월철학』은 1927년에 발견되어 1935년이 되어서야 출판되었기 때문이다. 벤야민은 소위 '빈디쉬만(Windischmann) 강의'로 불리는 판본에 입각하여 슐레겔을 이해한다. 즉『초월철학』이 빠진 1804~1806년 파리와 쾰른에서의 철학강의들(『철학의 발전, 전12권』,『철학입문 및 논리학』,『형이상학』 등)과 초기의 철학적 단편들을 토대로 슐레겔의 초기 철학사상을 이해한다. 이에 대해서는 W. Benjamin, Der Begriff der Kunstkritik in der deutschen Romantik, 심철민 역,『독일 낭만주의의 예술비평 개념』, 도서출판 b(2013) 17~19쪽을 참조하라.

아니라 독창성과 고유성을 지닌 것임이 규명된다.

『초월철학』은 슐레겔이 1800/01년 예나 대학에서 행한 강의를 받아 적은, 누군가의 필사노트이다. 슐레겔의 탓인지 필사자의 탓인지 알 수 없으나 논리전개 혹은 논의맥락이 잘 이어지지 않는 부분도 있고, 내용이 분명치 않은 부분도 있다. 그렇지만 슐레겔의 철학적 입장의 대강을 파악하는 데는 무리가 없다. 이 강의록은 체계적인 형식으로 전개된, 현존하는 그의 최초의 철학저술이다. 이 강의 이전에도 슐레겔은 자신의 철학적 입장을 피력해 왔으나 대부분 단편(Fragment) 형식의 글이었다.

벤야민은 슐레겔의 초기 철학사상, 즉 빈디쉬만 강의[각주 1) 참조]와 관련하여 다음과 같이 말한다.

> "1804년부터 1806년에 걸쳐 파리와 쾰른에서 행해진 이들 강의는 분명 가톨릭적 복고철학의 이념에 의해 완전히 지배되고는 있지만, [⋯] 이들 강의에서 슐레겔은 명확히, 인식론을 구비한 하나의 체계를 제공하고자 했다."[1]

벤야민의 주장은 『초월철학』에는 적용되지 않는다. 쾰른과 파리에서의 강의들은 독실한 가톨릭교도인 슐레겔의 연인 도로테아(Dorothea Veit)의 영향을 받아 점차 가톨릭을 받아들이는 도정에서 행해진 것이 사실이다. 그렇지만 『초월철학』 당시의 슐레겔은 가톨릭의 영향을 받고 있지 않다. 『초월철학』은 차안(此岸)에 의지함 없이 이 세상을 낭만화하고자 했던 그의 철학사상이 가장 순수한 형태로 표출된 저술이다.

---

2) 앞의 책, 18쪽

본론

'근대적 합리성 비판'이라는 현대철학의 논의맥락에서 그 포문을 연 것은 '프랑크푸르트 학파'이다. 그 대표자라 할 수 있는 호르크하이머와 아도르노는 다음과 같이 말한다.

> "진보적 사유라는 포괄적 의미에서 계몽은 예로부터 인간에게서 공포를 몰아내고 인간을 주인으로 세운다는 목표를 추구해왔다. 그러나 완전히 계몽된 지구에는 재앙만이 승리를 구가하고 있다. 계몽의 프로그램은 세계의 탈주술화(Entzauberung)였다. 계몽은 신화를 해체하고 지식에 의해 상상력을 붕괴시키려 한다. […] 인간이 자연으로부터 배우고 싶어 하는 것은, 자연과 인간을 완전히 지배하기 위해 자연을 이용하는 법이다. […] 근대과학으로 나아가는 도정에서 인간은 의미를 포기한다."
> (호르크하이머, 아도르노, 『계몽의 변증법』, 김유동 외 역, 문예출판사, 23-26ff.)

위의 인용문에서 보듯 현대철학의 과제는 탈주술화(=세계로부터 신성을 배제), 지식에 의한 상상력의 붕괴, 지배의 동기에 따라 움직이는 이전투구의 장(場)이 된 세계와 그 속에서의 삶의 의미 상실 등의 문제를 극복하는 데 있다.

이 과제들과 관련하여 독일 초기 낭만주의, 보다 구체적으로 말해 슐레겔의 철학의 특징은 이러하다. 먼저 인간의 의식능력과 관련하여 이성(합리성)과 개념파악(Begreifen)의 전능성을 부정하고 미적인 것(das Ästhetische)과 상상력에 중심적인 지위를 부여한다. 기계론적 자연관에 반대하여 자연을 신성 혹은 신적인 것으로 이해한다(신이 아니다). 삶의 의미의 회복이 원자적 개인에서가 아니라 상호주관성에 입각한 '정치'에서만 가능하다고 본다.

실제로 프레데릭 바이저(Frederick Beiser)는 아노미·원자주의·소외와 같은 근대 시민사회의 근본문제들을 처음으로 발견하고 주체화한 이들은 바로 낭만주의자들이었으며 나아가 낭만주의 철학의 목표와 문제들은 오늘날에도 여전히 살아 있다고 본다.

> "낭만주의는 비판을 존중하면서도 회의주의를 벗어나는, 즉 토대주의의 실패를 인정하면서도 상대주의에 굴복하지 않는 인식론을 추구했다. [···] 자연주의이되 환원주의적 유물론이 아닌 것, 이원론과 기계론의 양 극단 사이의 중도를 추구했다. [···] 공동체의 요구와 개인적 자유의 요구를 화해시키려 했다."(프레데릭 바이저, 『낭만주의의 명령, 세계를 낭만화하라』, 김주휘 역, 그린비, 19-20ff)

1. 철학과 포에지는 대립적인가?

1) 영원한 과제 : 자연과 자유(정신)의 종합

성경 창세기는 인간이 낙원에서 추방되는 사건을 다룬다. 이는 인간(하와와 아담)이 뱀에게 속아 선악과를 따먹음으로써 발생한다. 이로 인해 인간은 낙원을 상실('실낙원')한다. 반면 인간은 "눈이 밝아진다." 자신이 알몸임을 깨닫고 신의 부름에 몸을 드러내기를 부끄러워한다. 인간은 낙원을 잃었지만 이성과 자기의식을 지니게 된다. 실낙원 이후 낙원으로의 복귀('복낙원')는 인간의 영원한 과제가 된다.

　실낙원으로부터 복낙원으로의 진행은 인류의 역사를 규정하는 역사철학적 전형으로 간주된다. 신이 제공한 낙원은 인간의 자연 상태, 즉 인간이 자연에 순응하여 소박하게 안주함으로써 정신과 자연이 균형을 이룬 상태를 말한다. 근대인들은 고대 그리스에서 그 역사적 전형을 발견한다.[3] 요컨대 이 단계, 즉 인류 역사의 최초의 단계에서는 '자연'이 지배적 우위를 점한다.

　제2단계인 근대에서는 '(정신의) 자유'가 주도권을 갖게 된다. 기독교의 발흥과 근대정신의 발생으로 말미암아 자연과의 조화는 깨진다. 기독교와 근대정신은 공히 정신(=영)을 절대성과 무한성으로 이해한다. 즉 근대는 기독교 신학적으로는 영의 지배시기(=성령의 시대, 즉 신=절대자=무한자=성령)이며 근대정신 역시 자신의 영성(=정신성)을 최고의 원리로 삼는다. 다시 말해 성장한 인간 정신은 자신의 무구속성을 깨닫고 자연과 대립하게 된다. 유념할 것은 이때까지도 우리가 흔히 '중세'라고 하는 시기구분이 아직은 완전히 정착한 것이 아니라는 점이다. 여기서 '근대'는 오늘날의 구분으로는 중세와 근대를 포괄하는 시기이다.

　마지막 단계인 3단계는 '자연과 자유의 종합'이 특징이다. 고대가 '과거'이고 근대가 '현재'라면 이 3단계는 '당시의 과제'이자 '미래'를 나타낸다. 즉 자연과 자유의 종합 내지 통일은 18세기에서 19세기로 넘어가는 세기 전환기, 독일관념론과 독일낭만주의의 공통적인 과제이다. 아니, 이는 양자의 과제일 뿐만 아니라 인류 공통의 영원한 과제이기도 하다. 즉 사

---

3) 서양사상의 두 축을 고대 그리스와 기독교로 보는 이유가 여기에 있다.

상의 영역에서 복낙원의 과제는 자연과 자유(정신)의 종합이 된다. 이제 당시의 사상가들이 이 과제를 어떻게 받아들이고 있었는지를 보다 구체적으로 서술해보자.

2) 종합에 이르는 여러 가지 길

인간은 정신적 존재이며, 인간 정신이 추구하는 가치는 '진·선·미'로 표현된다. 이 각각에 해당하는 영역은 '학문·도덕과 종교·예술'이다. 즉 학문은 진리를 추구하며, 도덕과 종교는 선을, 예술은 미를 추구한다.

우리의 논의맥락에서 자연과 자유의 종합의 과제는 칸트로부터 제기된다. 칸트의 『순수이성비판』, 『실천이성비판』, 『판단력비판』의 3대 비판서는 각각 진리와 선, 미의 문제를 다룬다. 이를 다시 인간의 의식능력과 관련하여 보면 각각 사유, 의지, 판단을 주제로 다루는 것이 된다.

칸트는 『순수이성비판』을 통해 학문적 진리(=이론)가 필연성과 보편타당성을 주장할 수 있는 근거가 어디에 있는지를 다룬다. 즉 '자연'이 지니는 것으로 이해되어 온 필연성(=법칙성)의 인식론적 근거를 해명한다. 『실천이성비판』에서는 인간의 의지에 따른 행위(=실천)가 보편적 도덕법칙의 수립으로 나아가야 하는 당위를 규명한다. 인간은 이 당위, 즉 도덕적 실천에 의해 '자유'를 얻는다고 본다.

노년(老年)의 칸트는 '자연(필연성)에 기초한 이론의 영역'(『순수이성비판』)과 '자유에 기초한 실천의 영역'(실천이성비판) 간의 괴리를 깨닫는다. 즉 그는 자연과 자유를 종합(=매개)해야 할 필요성을 깨닫는다. 그래서 탄생한 것이 『판단력비판』이다. 『판단력비판』은 자연필연성과 자유의 종합 가능성을 '미감적 판단력(취미판단과 숭고판단)'과 '목적론적 판단력'을 통해 규명한다.

그러나 칸트의 노력에도 불구하고 『판단력비판』을 통한 이론과 실천 간의 종합은 물리적 결합일 뿐 화학적 결합에는 실패했다는 평가를 받는다. 왜냐하면 이어지는 칸트의 후예들 특히 독일 관념론자들은, 철학은 '하나의' 절대적인 기초에 놓여야 한다는 믿음을 결코 포기하지 않기 때문이다.[4]

칸트의 체계는 이론적 기초로서의 자연(필연성), 실천적 기초로서의 자유, 양자의 매개의 기초로서 미감적 · 목적론적 판단력이라는 세 개의 주춧돌이 떠받치고 있는 삼자정립의 체계이다. 칸트 자신도 이를 부인하지 않으며 그의 철학적 신념에 따라 이를 부인할 필요도 없었다. 아무튼 이후의 철학적 작업들의 과제는 칸트 철학을 하나의 기초 위에 세우는 것이 된다. 즉 **자연과 자유의 종합의 과제는 칸트의 3대 체계를 하나로 종합하는 것**이 된다.

이 종합을 피히테는 이론과 실천의 관계 틀에서 이해하고, 실천에 우위를 부여함으로써 이루려 한다. 헤겔은 자연과 정신의 관계 틀에서 정신에 주목함으로써 종합을 이루려 한다. 슐레겔은 미감적인 것(das Ästhetische), 특히 숭고의 감정을 통해 종합에 이르려 한다.

---

4) 그러나 하나의 절대적인 기초에서 출발하여 그 위에 철학을 수립하려는 시도는 피히테에 국한된다. 헤겔과 슐레겔은 철학이 하나의 절대적인 기초에서 출발할 수 없다고 본다. 헤겔은 이 절대적인 기초가 출발이 아니라 철학체계의 전개의 최후에서나 드러날 수 있다고 본다. 즉 헤겔은 '최종(최후)정초'의 방식을 택한다. 반면 슐레겔은 헤겔과 유사한 입장을 보이면서도 하나의 절대적인 기초 자체를 인정하지 않는다.

3) 모든 학의 종합 : 헤겔의 길과 슐레겔의 길

이론과 실천의 종합이든 자연과 자유의 종합이든 그것이 성공적으로 종합될 수 있다면 근대 들어 나타난 분과학문들은 하나의 학으로 통합될 수 있다. 인간의 지식은 이론적인 지이거나 실천적인 지일 것이다. 혹은 자연에 관한 것이거나 인간 자신에 관한 것일 뿐이기 때문이다. 이것이 독일관념론과 독일낭만주의의 공통적인 생각이다. 실제로 헤겔과 슐레겔은 공히 모든 학을 통합한 백과전서적 학문체계를 기획한다. 그러나 그에 이르는 길은 전혀 다르다.

헤겔은 자연을 정신의 외화로 본다. 즉 그에게서 삼라만상의 역사는 정신의 자기분열로부터 분열을 극복하고 자기 자신, 즉 정신으로 복귀하는 과정이다. 이 과정은 학문의 관점에서는 자연학을 포함한 모든 학문이 절대적인 정신의 영역인 예술(미) · 종교(선) · 철학(진)으로 발전 · 통일되는 과정이다. 그러나 그는 여기에 머무르지 않고 예술과 종교 역시 철학으로 고양됨을 통해 통일될 것으로 본다. 철학을 통한 만학의 통일은 헤겔이 이성 중심의 개념적 파악에 최고의 가치를 부여하고 있음을 나타낸다.

슐레겔도 도덕과 종교, 예술과 철학에 최고의 가치를 부여한다. 그는 도덕을 인간의 외적 삶의 원리로, 종교를 내적 삶의 원리로 본다. 예술과 철학은 인간의 외적인 삶과 내적인 삶이 종합되는 최고의 지점들이다. 예술과 철학은 헤겔과 마찬가지로 전자가 절대자(절대적인 것)의 감각적 표현이라면 후자는 절대자의 개념적 표현이다. 그러나 헤겔과는 달리 양자 사이에 우열관계는 성립하지 않는다. 양자는 모두 절대자의 표현이며, 인간에 의한 창작(Erfindung)일 뿐이기 때문이다. 즉 슐레겔에서 모든 학의 종합은 학문 영역 간의 내적인 연관관계에 대한 규명을 통해 이루어진다. 다시 말해 도덕과 종교의 철학과의 관계 혹은 도덕과 종교가 예술과 맺는 관계를 규명함으로써 전체 학문 간의 내적 연관을 드러내는 방식으로 이루어진다.

일반적인 철학사에서는 서양철학의 진정한 출발자인 플라톤에서부터 시(포에지, Poesie)[5]와 철학은 불화의 관계에 놓여 있다고 서술한다. 양자는 모두 절대적인 것을 나타내지만 전자가 감성과 판타지에 의존한다면 후자는 이성과 개념적 숙고의 산물이다. 기존의 철학사는 플라톤이 전자를 배격하고 후자의 편에 서는 것으로 본다. 헤겔이 근대적인 의미의 예술을 절대정신의 한 계기로 보면서도 결국 철학의 손을 들어준 것도 플라톤을 따른 것으로 평가한다.

그러나 낭만주의자는 포에지와 철학의 관계에 대한 플라톤의 입장과 관련하여 전혀 다른 평가를 내놓는다. 슐레겔은 플라톤에서 신화(=포에지)와 철학은 불가분리적이라는 입장에 선다. 즉 플라톤에서 철학적 진리는 이성을 통해 포착되지만 그것은 신화를 통해서 전달된다. 플라톤은 자신의 철학이론을 신화적 이미지에 의해서 설명하고 있다. 따라서 그의 철학은 신화 없이는 이해될 수 없다. 신화는 플라톤의 철학체계에서 핵심적인 요소이다.

---

5) 여기서 '시'는 근대문학의 한 장르인 '시'와는 구분되므로 이 글은 앞으로 '포에지'라는 표현을 쓴다. 또한 이 글에서 '포에지'는 고대적 의미의 신화 및 근대적 의미의 문학과 예술을 통칭하는 개념으로 사용된다. 고대 그리스에서 포에지는 본래 열광(Enthusiasmus, 접신상태)에 휩싸인 시인이 망아(忘我)적 상태에서 신의 말씀을 대신하여 전하는 것이다. 따라서 포에지는 예술에 속하는 것이 아니라 그보다 훨씬 높은 평가를 받는다. 그런데 십자군 전쟁을 통해 아리스토텔레스의 시학이 발견됨으로써 포에지는 르네상스 이후 격상된 예술의 한 장르가 된다. 즉 역사적으로는 포에지가 예술에 속하게 되는 양상으로 나타나지만 오히려 사회적 평가의 면에서는 예술이 포에지의 반열에 속하게 됨(=격상됨)을 알 수 있다.

2. 존재와 의식의 동일성은 알레고리적 동일성이다

슐레겔에서 포에지(=신화=예술)와 철학은 불가분리적이다. 이를 염두에 두고 그의 철학사상을 알아 보자. 슐레겔은 무엇보다도 문필가, 즉 예술(문학)분야에서 자신의 경력을 시작하므로 예술의 측면에서 그의 철학사상에 접근해 보자.

1) 예술과 철학이 지니는 공통의 아포리아

예술가는 근대들어 고대의 시인, 즉 신의 사제이자 대리인의 위치로 격상된다. 예술은 신적인 것(=절대적인 것)[6]의 표현(=전달)이 된다. 그런데 과연 그것이 현실적으로 가능한 일인가? 어떻게 유한한 인간이 절대자(=절대적인 것)를 표현해 낼 수 있는가?

낭만주의자가 철학에 관심을 기울이게 되는 것은 이 지점에서다. 절대자를 표현할 수 있으려면 '절대자가 과연 존재하는가? 그렇다면 '절대자란 무엇이며 어떻게 알 수 있는가'의 문제가 선결되어야 한다. 물론 이 문제들이 해결된다 해도 그것이 예술과 같은 감각적 형식으로 표현가능한지는 별개의 문제로 남는다 할지라도 말이다.

고대 그리스의 소피스트 철학자 고르기아스는 절대자(=절대적인 진리)와 관련한 아포리아(난점)를 다음과 같이 말한다. (절대적이라 할) "아무 것도 있지 않다. 있더라도 알 수 없다. 알더라도 전달할 수 없다."

이 아포리아에 대한 슐레겔의 답변은 이렇게 요약할 수 있다. "철학은

---

6) 학에서 말하는 '신'은 종교적·교리적 신앙의 대상으로서의 '신'과 상통하면서도 차이가 있다. 철학에서의 '신'은 절대적인 지식, 진리, 원리, 섭리 등 '절대성을 지니는 어떤 것'을 말한다.

절대자를 추구한다. 그러나 과연 유한한 인간의 의식이 절대자를 알 수 있는가? 알 수 없다. 그러나 의식을 지닌 인간은 그것을 추구하지 않을 수 없다. 절대자에 대한 추구는 무한히 지속될 수밖에 없다. 그것은 의식을 지닌 인간의 운명 혹은 본능이다."

헤겔은 절대자를 개념을 통해, 개념을 통해서만 파악할 수 있다고 본다. 그런데 개념적 파악을 뜻하는 독일어 '베그라이펜(Begreifen)'은 '움켜쥐다'라는 의미를 지닌다. 즉 어떤 것에 대한 개념적 파악은 어떤 것에 대한 지식을 소유한다는 뜻이다.

슐레겔은 절대자에 대한 헤겔식의 파악은 불가능하다고 본다. 인간은 절대자를 추구할 뿐, 그것을 완전히 내 소유로 움켜쥘 수는 없다. 이로부터 낭만주의자의 철학관(진리관, 지식관)의 일단이 드러난다. 다시 말해 '철학은 절대자를 추구한다'는 명제로부터 다음과 같은 철학적 입장이 나온다.

첫째, 절대자에 대한 무한한 접근만 가능할 뿐 완전한 파악은 불가능하다.

둘째, 절대자에 대한 접근방식에서 이성과 개념적 파악은 하나의 접근방법일 뿐 절대적인 방법이 아니다(앞서보았듯 헤겔은, 절대자는 개념을 통해, 개념을 통해서만 파악될 수 있다고 본다).

2) 절대자는 무엇인가

예술과 철학이 처한 아포리아를 넘어서기 위해 슐레겔은 절대자가 무엇인지를 탐구한다. 그는 우선 절대자가 무한히 추구되지 않을 수 없다면 절대자를 차라리 '무한자(무한한 것, 무한히 추구되는 것)'라고 불러야 한다고 말한다.

그런데 소유(=파악)할 수 없고 무한히 추구될 수밖에 없다면 절대자를 파악하기 위해 만들어놓은 인간의 노력들, 즉 토대·체계·개념 등은 모두 허구에 불과한 것이 아닌가? 낭만주의자는 '그렇다'고 한다. 절대자를 '무한자'로 이해하는 자신의 철학체계도 같은 처지임을 인정한다. "무한자 자체가 허구이다."(슐레겔)

그러나 인간이 절대자를 추구할 수밖에 없는 존재라면 이것들은 무가치한 것은 아니다. 아니 인간에게는 이것들 이상의 가치를 지니는 것이 없다. 절대자와 관련하여 인간이 세운 모든 가치체계들, 철학·예술·도덕·종교 등은 허구일 수 있다. 그렇지만 인간에게 이보다 더 가치 있는 것은 없다.

낭만주의자의 절대자에 대한 접근방식은 의외로 단순하다. 절대자는 절대적이지 않은 것의 추상에서 구하지 않을 수 없다. 추상은 제거의 의미를 지닌다. 즉 절대적이지 않은 것을 제거해나가는 것을 의미한다. 그런데 세상에는 절대적이지 않은 것, 즉 유한한 것(=유한자) 뿐이다. 그러므로 절대자이지 않은 것의 추상은 무한히 이루어진다. 따라서 절대자는 '무한자'이다.

그런데 추상을 하기 위해서는 '추상을 하는 주체', '추상하는 자'가 필요하다. 추상은 인간의 의식을 통해서 이루어진다. 따라서 의식은 추상할 수 없다. 결국 그에게 절대자는 '무한자'와 '의식'의 두 가지 요소로 이루어진다. 즉 절대자는 무한자와 의식의 관계를 통해서 성립한다.

의식의 역사, 혹은 철학사는 각각의 시대의 한계 속에서 의식된 무한자에 대한 서술이다. 그렇다면 무한자와 의식은 현실적으로, 혹은 실재적으로 무엇을 가리키는가? 슐레겔은 인간에게 실재하는 무한자는 '우주자연'이며, 의식은 '반성(능력)[7]'이라고 한다. 즉 의식의 역사는 '실재성(현실성, Realität)'에서 파악하면 '우주자연에 대한 반성의 역사'이다.[8]

3) 스피노자와 피히테 혹은 자연철학과 반성철학의 종합으로서의 알레고리론

슐레겔에서 철학은 절대자의 추구이다. 그는 무한자와 의식을, '실재성'을 통해 종합함을 자기 철학의 과제로 삼는다. 무한자와 의식의 관계의 규명이 절대자의 서술이며 이 양자와의 관계에서 얻어진 것만이 참으로 존재하는 것, 즉 '실재성'이다.

그런데 그에 의하면 자신의 시대에 이르기까지 최고의 철학은 스피노자와 피히테의 철학이다. 전자가 무한자에 관한 최고의 철학이라면 후자는 의식에 관한 최고의 철학이다. 무한자=우주자연=자연이며 의식=반성이므로 스피노자의 철학은 최고의 자연철학이며, 피히테는 최고의 반성철학자이다. 따라서 그의 철학적 과제는 스피노자와 피히테의 결합이 된다.

슐레겔은 스피노자 철학의 기본관점, '신 즉 자연'을 받아들인다. 스피노자는 이를 무한실체의 양태화, 즉 능산적 자연과 소산적 자연의 관계

---

7) 여기서 '반성'은 독일어 'Reflexion(레플렉시온)'의 역어이다. 이 말의 일차적인 의미는 거울처럼 의식 밖의 대상들을 비추어서 의식 안으로 받아들이는(=투사하는) 능력을 말한다. 그런데 철학, 특히 관념론 계열에서 '반성'은 외적 대상들을 받아들이는 수동성(수용성)의 의미만 지니는 것이 아니다. 외적 대상을 만들어내는 능동적 의미로도 사용된다. 반성능력이 없다면 외적 대상 자체가 성립할 수 없다고 보기 때문이다. 문학계에서는 이 말을 '성찰'이라고 번역한다. '반성'이든 '성찰'이든 우리말에서는 모두 '(자신의 잘잘못을) 돌이켜 봄'이라는 의미로 쓰이는데 'Reflexion'은 전혀 이런 의미가 아님에 유의해야 한다.

8) 그런데 다른 학문과는 달리 철학은 의식(반성) 자신도 의식(반성)의 대상으로 삼기 때문에 의식의 역사로서의 철학사는 "우주자연에 대한 '반성의 반성'의 역사"라고도 규정할 수 있을 것이다.

로 설명한다. 슐레겔은 스피노자의 설명을 (신이 아니라) '신성 즉 자연'으로 변형한다. 또한 '무한실체'는 '무한자', '양태'는 '알레고리'로 이해한다.

슐레겔은 무한자(=스피노자의 무한실체)의 운동을 '무한자의 유한자화', '무규정자의 규정자화', '전체의 개체화', '질료의 형식화' 등 여러 가지로 표현한다. 절대자가 무엇인가를 말하지만 낭만주의자가 진정으로 이야기하고 싶은 것은 오히려 유한자, 즉 무한히 다양한 모습으로 나타나는 이 세계에 대한 해명이다. 왜 이 세계는 없지 않고 있는 것인가? 왜 이 세계는 이렇게 다양한 형식으로 나타나는가? 슐레겔은 스피노자를 받아들임으로써 그 이유를 '신성의 자기현시'라고 하는 것이다. 즉 이 세계는 신성이 자기 자신을 나타내기 위한 것이다. 따라서 이 세계는 신성(=절대자)의 '알레고리'이다.

반면 이 과정을 의식의 관점에서 이해해보자. 의식은 반성이며 반성하는 주체(주관)는 '자아'이며 반성되는 객체(객관)는 '비아'이다. 의식의 운동은 자아가 비아를 정립·규정하는 운동이다. 즉 피히테에서 비아는 자아의 산물이다. 슐레겔은 이러한 피히테의 자아-비아론을 이렇게 해석한다. "객관세계는 인간의 창조적 상상력의 산물이다."[9]

의식의 운동은 무한자의 운동과 역으로 이루어진다. 즉 무한자의 운동(='신성 즉 자연'='신성의 자연사물화')이 무규정자(신 혹은 신성은 무엇이라고 규정할 수가 없으므로)의 규정자화라면 의식의 운동의 궁극목적

---

9) 당시는 프랑스혁명의 영향이 전 유럽을 휩쓸고 있는 때이다. 피히테에 의하면 프랑스혁명은 자유·평등·사랑이라는 이념(=인간의 주관적 의식)이 사회적 실천을 통해 현실화(객관화, 비아화)한 것이다. 피히테는 이를 철학화한 것이라고 볼 수 있다.

은 규정자들(하나의 식물, 동물, 인간 등)을 통해 무규정자의 의식에 이르는 것, 즉 규정자의 무규정자화, 다시 말해 절대적이지 않은 것을 통해 절대자를 의식하는 것이다.

의식의 운동, 자아의 비아정립·규정도 무한한 과정이다. 즉 의식의 운동은 절대자에 대한 절대적 의식에 다다를 수는 없다. 두 가지 이유에서 그러하다. 먼저 절대자는 무한자이기 때문이다. 즉 절대자는 고정된 무엇이 아니라 자기를 무한히 생성해내는 운동성·생명성 그 자체이기 때문이다. 또한 인간(의 의식) 자체가 유한자라는 한계를 지니기 때문이다.

그렇지만 이 과정을 통해 의식은 무한자(=절대자)에 대한 나름의 상(像)을 만들어낸다. 무한자에 대한 의식의 결과물, 혹은 상(像)이 개념의 형식으로 나타나면 철학(=학문)이다. 감각의 형식으로 나타나면 예술(작품)이다. 즉 철학적 개념은 무한자의 상징이며, 예술은 무한자의 알레고리이다.

슐레겔은 '상징'과 '알레고리'를 구분해서 쓰지만 의미상의 차이는 사실상 없다.[10] 무한자의 운동과 의식의 운동은 모두 '알레고리'를 낳는다. 이로부터 현대철학에 지대한 영향을 미치고 있는 슐레겔의 테제가 완성된다. "현존하는 모든 것은 '알레고리'이다."

---

10) 동시대인인 괴테는 양자를 완전히 다른 의미로 사용한다. 괴테는 '상징'을 높이 평가한다. 반면 양자의 차이를 보다 체계화하고 '알레고리'에 보다 높은 의미를 부여한 사람은 벤야민이다.

3. 세계를 낭만화하라!

1) 초기 독일낭만주의 사상과 관련하여 슐레겔의 철학의 핵심은 '알레고리론'에 있다. 무한자인 우주자연의 운동도, 이에 대한 의식의 운동도 알레고리를 낳는다. 삼라만상은 단순한 개체 혹은 사물이 아니라 무한자가 산출한, 무한자 자신의 알레고리로서 신성을 지닌다. 또한 인간의 의식 활동도 개념(=철학)과 감각적 표현물(=예술)을 무한히 산출한다. 그렇지만 인간의 의식을 통해 포착된 무한자에 대한 개념과 예술작품 역시 무한자 자체가 아니라 그것의 알레고리일 뿐이다.

알레고리론을 통해 우리는 슐레겔이 '신인동형론(神人同型論, anthropo-morphism)'의 입장에 서있음을 알게 된다. 무한자(=신성)의 운동도, 의식(=인간)의 운동도 모두 알레고리, 즉 상(像)을 만들어 낸다. 따라서 무한자와 의식의 본질은 공히 '상을 만들어내는 능력', 즉 '상상력(Einbildungskraft)'이다.

무한자의 운동은 삼라만상을 만들어낸다. 따라서 인간도 무한자의 운동의 산출물, 피조물이다. 그렇지만 역으로 무한자는 인간의 의식의 운동의 산출물이다. 여기서 신(성)은 인간을 만들어 냈고, 인간은 신(성)을 만들어 냈다는 역설이 성립한다.

2) 인간이 절대자 혹은 무한자를 추구하는 것은 인간의 운명이자 본능이다. 왜냐하면 인간은 우주자연으로부터 숭고의 감정을 느끼는 유일한 존재이기 때문이다. 그렇지만 우리는 숭고의 감정 자체를 규명할 수는 없다.

슐레겔의 숭고 개념은 칸트에 의한다. 즉 우주자연의 위대함(수학적 숭고)과 압도적인 힘(역학적 숭고)은 인간의 의식이 포착할 수 있는 범위를 벗어난다. 우주자연은 무한한 형식으로 자신을 나타낸다. 또한 무한한 형식으로 자신을 표현하는 힘을 지닌다. 이로부터 인간은 숭고의 감정을 느낀다.

그렇지만 이런 설명은 인간이 숭고의 감정을 어떤 조건에서 느끼는지에 대한 설명이긴 하지만 왜 그런 조건이 주어지면 숭고의 감정이 발생하는지, 다시 말해 숭고의 감정 자체에 대한 설명은 아니다. 이에 대해 우리가 할 수 있는 말은 이것뿐이다. "숭고의 감정은 인간에게 본유적이다."

숭고의 감정은 인간의 (의식의) 한계로부터 발생하는 감정이다. 따라서 숭고의 감정은 인간으로 하여금 자신의 한계를 깨닫게 하는 동시에 이를 벗어나기 위한 노력을 불러일으킨다. 즉 현실의 한계를 벗어나서 인간 각자는 자신의 '이상을 추구하기 위한 노력'을 하게 된다. 그렇지만 인간 각자의 이상 추구는 또다시 각자의 개별적인 노력이라는, 즉 주관성·유한성이라는 한계에 부딪힌다. 인간은 자신의 이상 추구가 개별성을 넘어서 보편성을 얻기를 원한다. 슐레겔은 인간 각자가 추구하는 이상이 보편성을 얻고자 할 때, '무한자에 대한 동경'이 된다고 본다.

(물론 슐레겔은 불가능하다고 보지만) 일반적인 의미에서 철학자의 이상은 무한자를 완전히 개념적으로 파악하는 데 있을 것이다. 시인(=예술가)의 이상은 무한자를 감각적 형식으로 온전히 표현해내는 데 있을 것이다. 그렇지만 슐레겔의 입장에서 이들이 산출한 개념과 예술작품은 공히 무한자 자체는 아니고 무한자의 알레고리이다. 즉 철학자가 행하는

개념 수립을 위한 노력과 예술가의 창작을 위한 수고에는 무한자 자체는 아니지만 '무한자에 대한 동경'이 담겨 있는 것이다.

3) "세계를 낭만화하라!" 슐레겔의 친구이자 사상적 동반자인 노발리스는 자신들의 주장을 저 유명한 지상명령으로 표현한다. 노발리스의 테제는 인간의 본성(nature)을 억압하는 산문화된 현실을 극복하고 자연(nature)의 역동성=인간 자신의 본성(nature)을 따르는 삶을 회복하자는 주장이다.

낭만주의에서 인간의 본성은 이미 살펴본 대로 '숭고의 감정'이다. 아리스토텔레스 이래의 인간의 본성규정인 '이성성(=인간은 이성적 동물이다)'이 아니다. 인간의 이성성은 숭고의 감정에 토대를 두고 있다. 따라서 인간의 이성성이 근본적인 인간규정이 아니라 '인간은 숭고의 감정을 지니는 존재'가 근본규정이 된다. 숭고의 감정에 토대한 이상의 추구가 철학으로도 예술로도 나타난다고 할 때, 인간의 이성성은 인간의 규정과 관련하여 근본뿌리가 아니라 철학과 연관된 하나의 가지일 뿐이다.

낭만주의자에 의하면 모든 학문과 예술의 공동적 토대는 이성이 아니라 숭고의 감정(=미감적인 것)이다. 따라서 모든 학문과 예술은 미감적인 것을 토대로 재편되어, 하나의 종합적인 학이 되어야 한다. 바로 이것이 노발리스가 내린 지상명령의 핵심이다.

자연은 신성의 표현이므로 자연학(물리학)은 궁극적으로는 신성에 관한 학, 즉 신학(종교론)과 종합되어야 한다. 철학과 예술 또한 종합되어 하나의 어떤 것이 되어야 한다. 이 어떤 것은 아직 실현된 것이 아니므로 '철학의 철학' 혹은 '예술의 예술(포에지의 포에지)'이라고 (잠정적으로)

표현할 수 있겠다. 결국 낭만주의에서 '철학의 철학'과 '포에지의 포에지'는 다른 말이 아니다. 즉 감성과 이성, 직관과 개념, 포에지(예술)와 철학을 하나로 종합하는 것을 말한다.

4) 낭만주의자는 이러한 철학적·문예론적 소신을 현실의 삶의 원리에도 적용시킨다. 인간은 누구나 자신의 인생이 '최선'의 삶이 되도록 노력한다. 그 노력은 도덕과 종교로 나타난다. 슐레겔은 이와 관련한 논의를 칸트에 대한 비판으로 시작한다. "칸트의 도덕론은 개인주의에 기반한다. 또한 그의 도덕론은 도덕성의 실현과 관련하여 신을 불러들임으로써 종교론이 된다."

슐레겔에서 도덕과 종교는 개인 차원의 문제가 아니다. 개인의 역할이 중요하지만 도덕과 종교의 과제는 사회(=공동체)를 통해서만 해결될 수 있다. 즉 낭만주의자는 인간의 도덕적 삶과 종교적 삶은 사회를 매개로 해서만 실현된다고 본다. 나아가 사회와 정치는 불가분리적이므로(사회와 정치는 모두 고대 그리스의 '폴리스(polis)'에서 유래한 개념) '정치'를 통해서만 인간의 도덕·종교적 삶의 실현이 가능하다고 본다.

인간의 본성에 따른 사회적 형태는 역사적으로 가족(혈연공동체=자연공동체), 위계(교회공동체=정신공동체)[11], 공화국(국가공동체=자연공동체와 정신공동체의 종합)으로 나타난다. 사회 형태에 대한 이러한 역사

---

11) '위계(Hierarchie)'는 본래 '천사들의 서열'을 의미한다. 이 말은 현실에서 '성직자의 지배'를 가리키게 된다. 그러므로 슐레겔이 말하는 '위계'는 당시의 '교회' 혹은 '교회제도'이다. 슐레겔은 이 말의 본래적인 의미를 찾고자 한다. 즉 그는 교회로부터 교황권 및 세속권력을 포함한 모든 권력의 배제를 주장한다. 이렇게 함으로써 교회는 본래의 질서, 즉 무한자를 향한 '정신적 질서', '정신적 공동체'가 되어야 한다. 결국 여기서 '위계'는 '정신적 공동체'를 뜻하는 말이다.

철학적 인식하에 슐레겔은 정치를 통해 이루어야 할 가치(=이념)를 '자유와 공동체, 평등'으로 요약한다. 나아가 이 이념들을 구현할 수 있는 가장 이상적인 사회(=정치)형태로 '무정부(Anarchie)'를 든다. 그렇지만 그것은 영원한 이상이므로 '공화국'의 수립을 자기 시대의 과제로 제시한다.

오늘날의 시각에서 평가할 때, 슐레겔이 말하는 '공화국'은 오늘날의 '대의민주주의'와 가깝다. 이미 '대의민주정' 하에서 살고 있는 현재의 관점에서 보자면 슐레겔의 주장은 별것 아닐 수 있다. 그러나 당시 대부분의 사상가들이 '입헌군주정'의 수립 정도를 과제로 내세우고 있음과 비교할 때 슐레겔의 주장은 당시로서는 가장 급진적인 주장이라고 할 수 있다.12) 아니 그보다도 당시의 시대 분위기에서 도덕과 종교의 문제가 개인 차원의 과제가 아니라 공동체적·사회정치적 맥락에서만 실현가능하다고 본 것 자체가 혁신적이라고 하겠다.13)

슐레겔에서 자연본성에 따르는 삶이란 공동체(=사회)의 자유와 평등의 진작을 위해 헌신하는 삶이다. 그것은 신성이 인간에게 부여한 과제이자 의무이다. 즉 그런 삶을 택할지 말지는 인간의 선택사항이 아니다. 다만 어떤 식으로 그런 삶을 살아가고 실현해 나갈지는 자유의사에 따른다. 이 의무를 자신의 과제로 여겨 분투하는 삶을 통해서만 인간은 자유이다. 이런 삶이 명예로운 삶이며 사랑의 삶이다.

---

12) 괴테, 심지어는 노발리스도 '입헌군주제'를 주장하였다.
13) 개인주의, 개인적 감상 차원의 사상이라고 여겨져 온 그동안의 낭만주의 이해가 얼마나 잘못된 오해였는지를 말해준다. 낭만주의 연구가인 에른스트 벨러는 이렇게 말한다. "낭만파에 의해서 우리 독일문학은 비로소 사회적 성격을 획득했다."

맺음말

슐레겔의 철학은 스피노자적 무한실체인 '무한자'와 피히테적 절대자아인 '의식'의 종합이다. 무한자는 만물을 발생시키는 근원적인 힘이며, 의식은 만물을 전체적 · 통일적으로 파악하는 힘이다. 슐레겔은 만물이 발생하는 과정과 이를 파악하는 의식의 과정을 하나의 원환으로 이해한다. 전자가 무한자로부터 유한자로의 이행이라면 후자는 유한자로부터 무한자로의 이행이다. 양자는 역(逆)의 과정이지만 하나의 과정이다.

칸트는 미적 판단, 즉 반성판단과 학적 판단, 즉 규정판단을 구분한다. 전자는 특수자로부터 보편자를 찾아내는 판단이며 후자는 보편자로부터 특수자를 포섭하는 판단이다. 미적 판단은 개념과는 관계가 없다. 반면 학적인 판단은 개념에 의한 판단, 즉 범주의 도식화에 따른 판단이다.

슐레겔은 칸트의 이런 구분에 반대한다. 미적 · 반성적 판단과 학적 · 규정적 판단의 구분은 사라진다. 슐레겔에게서 의식은 유한자로부터 유한자의 가상을 무한히 제거함으로써 무한자에 다다름을 과제로 한다. 즉 의식은 칸트적 의미의 미적 판단, 즉 반성판단의 과제를 수행한다. 그런데 슐레겔에게서 이 과제를 수행하는 의식의 방법은 개념의 구성과 성격 규정(Charakteristiken)이다. 슐레겔에게서 의식은 대상에 대한 반성으로부터 개념의 산출(=구성과 성격규정)로 나아간다. 이것은 반성적 추론능력과 사변(=관조)적 직관능력이 상상력을 통해 매개됨으로써 이루어진다. 반성은 대상을 의식의 필요에 맞게 주관화하는 능력이며 사변은 대상으로부터 일체의 주관을 배제함으로써 의식에 객관성을 부여하는 능력이다. 이 양자가 상상력을 통해 종합됨으로써 개념이 산출된다. 그렇지만 무한자가 산출한 만물 즉 대상과 우리의 의식이 산출한 개념은 영원한 간극에 머문다. 왜냐하면 절대자는 무한자로서 끊임없이 생성·변화하기 때문이다. 의식은 결코 절대지에 다다를 수가 없다. 우리가 산출한 개념 혹은 지는 절대자, 즉 무한자의 알레고리일 뿐이다. 따라서 대상과 개념의 간극을 메우기 위한 의식의 노력은 무한히 계속된다.

슐레겔의 철학은 당대의 철학적 흐름과는 달리 '이성에 대한 평가절하'와 '오성과 감각에 대한 평가절상'을 수행한다. 그는 오성에 고대적 '누스(nous)'의 의미를 그대로 부여한다. 오성은 자아의 통일적 의식능력이자 자연의 생기적 산출능력이다. 즉 헤겔철학에서 '절대정신'과 유사한 위상을 갖는다. 의식의 측면에 국한시켜보더라도 오성은 이성과 감각, 상상력과 판타지를 포괄하는 개념이다. 감각 또한 단순히 경험적인 것이 아니다. 자연(소산적 자연)이 우주자연(능산적 자연)의 신성이 실재화(Realisierung)된 것이라고 할 때 자연에 대한 우리의 감각은 우주자연의 신성의 '예감'이다. 반면 이성은 대상과 상관없는, 순전히 주관적인 추론능력으로 협소화시킨다. 다시 말해 이성은 순수 형식적인 논리적 능력으로 본다.

슐레겔의 철학은 '미감적 판단'을 예술뿐만 아니라 모든 학적인 판단의 원리로 확장함으로써 '상상력'에 기반한 새로운 철학의 가능성을 보여준다. 근대철학은 인간의 '이성'에 대한 평가절상과 '감성'에 대한 평가절하의 방향에서 진행된다. 또한 개념적 인식능력이 중요시되면서 '상상력'의 가치도 크게 주목을 받지 못한다.

근대적 이성의 전능성에 대한 믿음은 도전받고 있다. 사실 여부를 떠나 이성은 근대적 지배와 폭력의 이데올로기적 장치였다는 반성이 설득

력을 얻고 있다. 독일관념론의 주지주의적 흐름에서 슐레겔의 철학은 반동·복고로 보였을 수 있다. 그러나 감성과 상상력에 기반한 새로운 인간규정과 세계관을 필요로 하는 현대의 관점에서 슐레겔의 철학은 되살려볼 가치가 있는 것이다.

마지막으로 동시대인인 헤겔(1770~1831)과 슐레겔(1772~1829)이 당시에 얼마나 격렬하게 사상적으로 대립했는지를 보여주는 시로 해제를 마무리하고자 한다.

Friedrich Schlegel und Hegel[14]
프리드리히 슐레겔과 헤겔

Schlegel predigt gegen Hegel,

슐레겔이 헤겔에 맞서 설교했다네

Für den Teufel schieb' er Kegel.

그 악마에 대해 그는 케겔(서자庶子)*이라고 쓰네.

*헤겔=케겔, 헤겔이 하숙집 여주인과의 사이에서 서자를 낳았음을 빗댐.

Hegel spottet über Schlegel,

헤겔은 슐레겔을 비웃었다네

Sagt, er schwatzt' ohn' alle Regel.**

레겔(규칙)이라곤 없는 자라고

**슐레겔=레겔

Schlegel spannt der Mystik Segel;

슐레겔이 신화에 제겔(돛)을 매다네

Hegel faßt der Logik Flegel.***

헤겔이 논리학에 플레겔(막 되먹은 놈)을 붙잡아 놓네.

***세겔=헤겔, 플레겔=슐레겔

---

14) 1827년 프리드리히 슐레겔의 형인 아우구스트 빌헬름 슐레겔이 지은 시이다.(August Wilhelm von Schlegel: Sämtliche Werke, Band 2, Leipzig 1846, S. 231-232.)

Kommt, ihr Deutschen, Kind und Kegel,

오라, 그대 독일인들아, 적자 서자(케겔) 가리지 말고 온 가족 함께

Von der Saar bis an den Pregel!

자르에서 프레겔에 이르기까지![15)

Schaut, wie Schlegel kämpft mit Hegel!

보라, 슐레겔이 헤겔과 어떻게 싸우는지!

Schaut, wie Hegel kämpft mit Schlegel!

보라, 헤겔이 슐레겔과 어떻게 싸우는지!

---

15) Saar: 프랑스와 독일의 국경지역을 흐르는 강의 이름. 독일의 최고 서쪽. Pregel: 쾨니히스베르크,
현 러시아 칼리닌그라드의 강이름. 당시 독일의 최고 동쪽.(현재명: pregolya river)

번역대본에 관하여

해제에서 밝혔듯이 이 책의 원(原)자료는, 프리드리히 슐레겔이 1800/01
년 예나대학에서 행한 강의(=초월철학, TranszendentalPhiosophie)를 들은
것으로 추정되는 누군가의 필사본이다.

오스트리아와 체코슬로바키아에서 독일학(Germanitik), 특히 초기독
일낭만주의 연구에 헌신한 '요제프 쾨르너'(Josef Körner, 1888~1950)는,
해당 강의록이 있을 것이라고 확신하고 수년간 고서점을 뒤진 끝에 1927
년 마침내 강의필사본을 발견한다. 그는 강의필사본과 자신이 수집한 기
타 자료들을 모아 1935년 책으로 출간한다.

『Friedrich Schlegel: Neue Phiosophische Schriften』(약어 'NPS')

Erstmals in Druck gelegt, erläutert und mit einer Einleitung in Fr.
Schlegels philosophischen Entwicklungsgang versehen von Josef Körner,
Verlag Gerhard Schulte-Blumke, Frankfurt a. M.(1935)

1958년부터 '에른스트 벨러'(Ernst Behler: 1928~1997)의 주도로 프리드
리히 슐레겔 비평본이 출간되기 시작한다. 쾨르너가 발견한 프리드리히
슐레겔의 예나대학 강의록은 이 비평본 제12권 1쪽부터 105쪽에 수록된
다. **이 책이 대본으로 삼은 것은 바로 이 비평본이다.** 편집에 따른 쪽수만
다를 뿐, 철자법과 내용 등은 'NPS'와 똑같다.

『Kritische Friedrich-Schlegel-Ausgabe』(약어 'KA')

Herausgegeben von Ernst Behler unter mitwirkung von Jean-Jacques
Anstett und Hans Eichner, Ferdinad Schöningh Verlag, Paderborn

『KA XII. Phiosophische Vorlesungen I (1800-1807)』

Mit Einleitung und Kommentar

herausgegeben von Jean-Jacques Anstett(1964)

1991년 서론과 설명이 곁들여진 보급판이 펠릭스 마이너 출판사(Felix Meiner Verlag)에서 출간된다. 원래 계획은 철자법을 현대독일어에 맞게 고치고 내용상의 미비점도 고증을 통해 바로 잡는 것이었다고 알려져 있다. 그러나 불행히도 그렇게 되지 못한다. 작업 담당자인 '미하엘 엘제써' (Michael Elsässer, 1942?~1990)의 갑작스런 죽음으로 말미암아 그가 쓴 서론과 설명만 추가되고 내용은 위 비평본을 그대로 영인(影印)하여 책이 출간된다. 따라서 비평본과 펠릭스 마이너판은 완전히 똑같다. 쪽수까지도 말이다.

『Friedrich Schlegel: TranscendeltalPhiosophie』(약어 'TP')

Eingeleitet und mit Erläuterungen versehen von Michael Elsässer, Felix Meiner Verlag, Hamburg(1991)

역어에 관하여

Bildung : 형성, 교양(수양), 도야

슐레겔에서 'Bildung'은 '도야[수양, 교양]를 통해 자기를 형성함'이다. 그래서 '형성[교양, 도야]'와 같이, 여러 가능한 역어를 병기한다. 'Bildung' 뿐만 아니라 다른 말도 우리말로는 하나로 표현하기 힘든, 여러 뉘앙스가 들어 있는 경우에는 이런 방식을 사용한다. 가독성이 떨어진다는 단점은 있다. 그렇지만 어떤 사상을 정확히 전달한다는 측면에서는 장점이 있다.

Darstellung, darstellen : 현시[하다], '드물게' 서술[하다], 발현하다, 나타내다

Empfindung : 감응 — 수동적, 수용적 의미의 감각(Sinn)

Realität : 실재성, reell : 실재적

슐레겔에서 'Realität'는 '경험적 사실'이 아니라 '초월적 사실'로서의 '실재성'이다. 슐레겔은 'real'을 쓰지 않는다. '경험적 사실'이라는 의미의 '실재적'과 구분하기 위해 항상 'reell'을 쓴다. 즉 슐레겔에서 'Realität'라는 명사의 형용사는 'real'이 아니라 'reell'이다.

Wirklichkeit : 현실성, wirklich : 현실적

'Realität', 'reell'과 완전히 동일한 의미이다. 그러나 구분하기 위해 '현실

성', '현실적'으로 번역한다. 따라서 '현실적'도 '경험적 사실'이 아니라 '초월적 사실'이다.

Faktum : 사실
'Realität'와 거의 동일한 의미이다. 따라서 '초월적 사실'을 말한다.

Verstand : 오성, Vernunft : 이성
Intellekt, Intelligenz: 예지

슐레겔에서 'Verstand'는 고대 그리스어인 '누스(nous)'의 역어이다. '누스'는 '자연의 생기원리(천리天理)이자 이에 대한 인간의 통일적인 의식원리이자 실천적 도덕원리(인리人理, 윤리倫理)'이다. 따라서 '이성'이라고 번역해야 옳다. 그러나 '로고스(logos)'의 독일어 역어인 'Vernunft'가 압도적으로 '이성'으로 쓰이고 있으므로 '오성'으로 번역한다.

슐레겔은 'Vernunft'에 대해서는 소극적인 의미만을 부여하여, '추론능력'만을 인정한다. 그러므로 'Vernunft'는 '추론력'으로 옮겨야 하겠으나 앞서의 이유로 '이성'으로 옮긴다. 슐레겔의 이와 같은 용어사용법이 부당하다고 볼 수는 없다. 오히려 칸트가 라틴어 철학개념을 독일어로 옮기면서 많은 손질을 해서, 의미를 변용했다고 봐야한다.

'누스'의 라틴어는 '인텔렉투스(intellectus)'인데 독일어로는 '인텔렉트(Intellekt)', '인텔리겐츠(Intelligenz)'이다. 양자는 현재 독일어에서 약간의 의미차이가 있지만, 그것은 여기서는 관건이 아니다. 슐레겔에서 '누스=인텔렉투스(인텔렉트, 인텔리겐츠)=Verstand'이다. (슐레겔만 그런 것이 아니라 표준번역이 이렇다.) 칸트는 '인텔렉투스(intellectus)'를 'Verstand'

로 옮기면서 '인텔렉투스(intellectus)'가 지니는 '능동오성'의 의미를 매우 제한적으로만 받아들여 자신의 철학개념으로 삼는다. 즉 자연의 생기능력은 제외하며, 세계에 대한 전체적 의식능력 또한 대상에 대한 지를 가능케 하는 인식주관의 선험적인(a priori) 능력으로 축소시킨다. 그러므로 칸트에서 '인텔렉트'와 '인텔리겐츠'는 '지성' 혹은 '지성능력'으로 번역하면 되지만 슐레겔에서는 그렇지 않다. 슐레겔에서 'intellektuelle(혹은 intellektuale) Anschauung'은 '누스적 직관'이다. 따라서 '지(성)적 직관'이 아니라 '예지적 직관'이라고 번역한다. 통일성을 기하기 위해 '오성적 직관'이라고 옮기려 했으나 '오성=지성'으로 이해하는 경우가 많은 현실에서 오히려 더 어색한 번역이 될 것이라는 생각에서다.

transzendental : 초월적
a priori : 선험적
transzendent : 초험적

본래 'transzendental'이나 'a priori'는 큰 의미 차이가 있는 것은 아니다. 그러나 칸트가 자신의 철학에서 다른 의미를 부여하고 있기 때문에, 또한 칸트가 철학에서 차지하는 위상으로 인해 양자를 구분하여 사용할 필요가 생긴다. 개인적으로는 'transzendental'은 '선험론적'이라고 하는 것이 적절해 보인다. 그러나 널리 읽히고 있는 백종현의 칸트 번역본의 선례를 따르기로 한다. 칸트에서 'transzendent'는 '경험을 넘어서는'이라는 의미이며 'transzendental'은 '경험을 넘어서서(경험에 앞서서), 경험을 가능케 하는'이라는 뜻이다. 슐레겔의 『초월철학』에서도 두 표현이 모두 등장한다. 슐레겔에서도 'transzendental'은 칸트와 같은 의미이다. 그런데 슐레겔이 'transzendent'를 'transzendental'과 구분하여 사용하고 있는지는 알 수가 없었다. 슐레겔이 칸트를 열심히 공부했음을 감안할 때, 칸트가 양자를 구분하여 사용하는 것을 몰랐다고 볼 수는 없다. 그렇지만 슐레겔은 양자의 의미에 대해 별다른 구분을 내놓지 않고 있으며 맥락상으로 추론해 볼 때도 양자 간의 의미구분은 뚜렷하지 않다. 아무튼 두 표현이 모두 등장하므로 구분을 위해 '초월적', '초험적'으로 옮긴다.

Person : 개인, Persönlichkeit : 개인성
Individuum : 개체, Individualität : 개체성

Charakter : 성격, 특성
Merkmahl : 특징
Eigenschaft : 성품
Beschaffenheit : 성품

서론

우리는 철학한다 — 이는 하나의 사실(Faktum)이다. 우리는 이렇게 시작한다; 즉 어떤 것에서 시작한다. 그 어떤 것이란 바로 전적으로 특유한 방식의 지(知, Wissen)를 향한 노력(Streben)이며 마땅히 전체 인간(den ganzen Menschen)과 관계되어야 하는 지이다. 그래서 인간의 **행위**만이 아니라 인간의 **지**와도 관계되어야 한다. 왜냐하면 행위란 말하자면 인간의 일단(一端, ein Pol)일 뿐이기 때문이다. 그래서 그것은 **지의 지**가 되지 않으면 안 된다.

이는 흡사 철학에 대한 하나의 정의와도 같을 것이다. 그러나 이 정의는 우리가 철학함을 시작할 때 실마리 노릇을 하지는 못한다. 왜냐하면 내가 '철학은 **지의 지**'라는 명제에서 출발하고자 했다면 말할 것도 없이 거기에는 항상 어떤 지가 전제되었을 것이기 때문이다. **철학은 하나의 실험**이며 그래서 철학을 하려는 모든 이들은 항상 다시금 새로(von vorne) 출발하지 않을 수 없다.(철학은 다른 학문과는 달리 다른 사람이 기왕에 성취한 것을 취하여, 그 바탕 위에다가 세워 나갈 수는 없다. 철학은 이미 그 자체로 존재하는 하나의 전체(ein für sich bestehendes Ganze)여서 철학을 하려는 이는 누구든 완전히 새로 시작하지 않을 수 없다). |

따라서 우리도 단적으로 시작한다.

철학은 지, 그것도 절대적인 지이어야 한다. 따라서 우리가 딛는 모든 행로(Schritt)는 필연적여야 하며 가언적인 것(Hypothetisches)은 아무 것도 포함하지 않도록 해야만 한다.

우리가 수행하는 방법은 그래서 **물리학(Physik)**이나 수학의 방법이 될 것이다. 즉 우리의 탐구는 물리학에서와 같은 **실험(Experimentiren)**이나 수학에서와 같은 **구성(Konstruiren)**이 될 것이다. 이 학문들의 방법은 완전히 독립적이다. 그래서 여기서도[철학을 하는 데서도] 그 방법이 적용되어야만 한다.

진리의 기관인 논리학은 우리에게 모순율과 충족이유율을 제공한다. 우리는 물론 그것을 가지고는 어떠한 진리의 실질(Materielle)도 얻을 수 없다. 그러나 우리는 말하기(Aussprechen)에서, 즉 우리가 철학함을 통해 발견한 것을 표현할 때 이와 같은 것을 사용하지 않을 수 없다. 그러나 우리에게 있어서 진리의 원천은 이 율(律, Satz)들[모순율과 충족이유율]보다 훨씬 높은 곳에 위치한다. 회의(Skepsis)도 이 율(律)들을 필요로 하니 말이다. 형식에 있어서도 우리에게 이 율들은 충분한 것을 제공할 수 없다. 우리는 보다 높은 것을 추구해야 한다.

피히테도 자기의 철학에서 이 율들을 사용하긴 했으나 율은 율일 뿐 그 이상은 아니라는 의미에서 사용한다.

게다가 논리학은 우리에게 진리의 정의도 제공하긴 한다. 즉 진리란 표상과 대상의 일치라는 정의를 제공한다. 이 율(律)은, 기호는 그것이 가리키는 사태에 관해 말하는 것 그 이상을 말하는 것도 아니고 말하는 것이어서도 안 된다는 뜻이다.

문제 I. 철학의 성격 규정하기

(성격은 정의와는 다른 것이다. 정의(defintio)는 류(genus)와 종차 (differentiam specificam)를 드러낸다. 그러나 우리는 철학에서 그것[정의] 을 바라지도 않으며, 그것을 할 수도 없다. 왜냐하면 종차는 무한할 것이 기 때문이다.) 우리가 **철학의 성격을 규정**하고자 할 때 이는 철학을 **완전 히 정확하게 규정한다**는 의미가 아니라, (그렇게 하면 정의하는 것이 될 테니까) 우리의 목적에 견주어(für unsern Zweck) 가능한 한에서 그렇게 한다는 의미이다.

문제 I의 아포리즘들

1번째 아포리즘: 철학은 회의와 더불어 시작된다. 이는 **완전히 부정적 인 상황이다.** 우리가 수학의 방법을 사용하여 철학을 구성하고자 한다면 우리는 그 방법을 하나의 팩터(Faktor), 즉 **부정적인**(negativ) 팩터로 지니 는 것이다. 다른 팩터, 즉 긍정적인(positiv) 팩터는 **열광(Enthusiasmus)**이 되는 것이다.

철학적 회의는 전체 인간과 관계하는 특유성(das Eigenthümliche)을 지 닌다. 그리고 열광은 반드시 지를 향한 일정한 방향성을 지녀야 한다.

2번째 아포리즘: 절대자를 향하는 것이 철학의 경향이다. 그러나 상대 적인 절대자가 아니라 **절대적 절대자**를 향한다. 절대자도 수학의 방법에 따라 두 가지 팩터로 나누자.

부정적 팩터를 찾는 것이 곧 **무제약자[무조건자]**의 반대(Gegensatz)를 구하는 것이라면 그것은 **제약자[조건자]**이다. 이는 흡사 무한한 사슬에 연결된 것과 같다. 모든 각각의 지절과 마찬가지로 그의 근원적인 지절

혹은 최초의 지절이 완전히 **개별적인 어떤 것**으로 존재하는 무한한 사슬에 말이다. 근원적인 것은 | **원초적인 것**(das Primitive)이라는 의미도 지니며 그 반대는 **총체성**이다.

근원적인 것 혹은 원초적인 것에 대한 지는 우리에게 **원리들**(Prinzipien)을 제공한다. 그리고 총체성에 대한 지는 **이념들**(Ideen)을 제공한다. **하나의 원리**란 따라서 근원적인 것에 대한 하나의 지이다. 하나의 이념이란 **전체를 아는 것**(ein Wissen des Ganzen)이다.

우리는 **원칙들**(Grundsätze: 근본명제들) 대신에 원리들을 말한다. 왜냐하면 원리들은 명제들이 아니라 **사실들**(Fakta)일 수 있기 때문이다. 그래서 예컨대 피히테 철학의 원리인 **자아는 자아이다**(Ich bin Ich)는 하나의 명제가 아니라 하나의 사실이다. 그래서 만약 모든 생명이 수소와 산소의 상호작용에서 생겨난 것이라면 (우리가 원리를 오로지 여기서만 취한다면) 물리학에서 생명의 원리란 하나의 사실일 것이다. 그래서 우리는 **개념** 대신에 **이념**을 말한다. 왜냐하면 이념이 가리키는 것은 하나의 개념 안에서는, 즉 일상적인 의미로는 파악될 수 없다. 예컨대 **비아가 곧 (gleich) 자아이다**와 같이 표현상으로는 마치 비개념적으로 보일 것이기 때문이다. |

3번째 아포리즘: 철학의 질료는 원리들과 이념들이다.

철학의 질료는 그[원리들과 이념들]에 따라 발견되어왔다. 여기서 문제가 제기된다. **어느 것이 철학의 형식인가?** 철학은 전체 인간을 향해 가야 하며 그러한 것에 대한 **지여야** 한다. 지에 따라 행동하는 사람은 **목적에 따라, 규칙** 등등에 따라 행동한다. 그것을 통해 그는 지에 따라 행동하지 않는 사람과 구별된다. 그는 목적에 따라, 규칙에 따라 행동한다는 것을 또한 표현해야만 한다. 그리고 그 표현이 일관성이다. 일관성은 **조화**를 전제하며 양자는 함께한다. 즉 통일[1]된다. 따라서

4번째 아포리즘: 철학의 형식은 절대적 통일성이다.

여기서 말하는 것은 한 체계의 통일성이 아니다. 왜냐하면 그것은 절대적이지 않기 때문이다. 어떤 체계가 등장하자마자 그것은 절대적이지 않다. 절대적 통일성이란 체계들의 카오스일 것이다.

문제II. 모든 원리들과 이념들의 공통적 중심 찾기

우리가 찾는 공통적 중심은 **모든 이념들의 원리이자 모든 원리들의 이념**인 어떤 것이지 않으면 안 된다.

이를 발견하기 위해서 이제 우리는 절대적이지 않은 모든 것을 추상사상해야만 한다. 그러나 이를 우리는, 순전히 절대적이지 않은 것을 없는 셈 침(wegdenken)을 통해서 얻는 것이 아니다. 그게 아니다. 추상사상해야 하는 것과 대립적인 것을 우리가 구성해내야만 한다. 우리는 이와 같이 무한자를 단적으로(schlechthin) 정립해야만 한다.

그러나 이제 우리가 무한자를 정립하고 이를 통해 무한자와 대립적인 모든 것을 지양한다고 해도, 우리에게는 여전히 늘 어떤 것, 즉 추상사상하는 자(das Abstrahirende), 혹은 정립하는 자(das Setzende)가 남는다. 즉 **무한자** 밖의 **무한자의 의식**이 여전히 남는다. 그래서 의식은 말하자면 무한자에 의한(bey dem Unendlichen) 하나의 **현상**(Phänomen)인 것이다.

---

[1] 일관성은 통일의 긍정적(적극적) 팩터, 조화는 부정적(소극적) 팩터

그리고 이제 우리는 하나의 철학이 부여할 수 있는 소위 요소들을 지닌다. 즉 의식과 무한자가 그것이다. | 마치 모든 철학이 그것의 주위를 도는 양 극(極)처럼 말이다.

피히테 철학은 **의식**과 관계한다. 스피노자의 철학은 그러나 **무한자**와 관계한다. 피히테 철학의 정식(Formel)은 **자아=자아**이다. 혹은 그 대신에 (dafür) **비아=자아**라고 말하고 싶다. 이렇게 말하는 게 훨씬 더 나은데, 왜냐하면 이 명제는 표현상으로도 가장 완전한 종합명제(allersynthetischste Satz)이기 때문이다.

스피노자 철학의 정식은 이러할 것이다. **현시 가능한 것**(was darstellbar ist)을 철자 a로, **현시 불가능한 것**(was nicht darstellbar ist)을 x라고 하면 a=x라고 하겠다.

이로부터의 결합(Kombination)을 통해 두 가지 정식들이 도출되는데, 즉 **비아**=x[2] 그리고 a=**자아**가 그것이다.

후자의 정식, 즉 a=자아는 우리 철학의 정식이다. 그 명제는 간접적이며 또한 **유한자**의 오류를 지양할 것인 동시에 **무한자**를 저절로(von selbst) 생성할 것이다.

우리의 정식은 긍정(적극)적 측면에서 보면 대개 이러하다. | **최소의 자아는 최대의 자연과 같으며 최소의 자연은 최대의 자아와 같다**(das Minimum des Ich ist gleich dem Maximum der Natur und das Minimum der Natur ist glech dem Maximum des Ich). 즉 의식의 최소영역은 자연의 최대영역과 같으며 **그 역도 마찬가지다.**

---

2) 비아=x 라고 함은 모든 비철학(NichtPhilosophie)의 정식이다.

개인(Individuo)에게 무한자의 의식은 **숭고의 감정**이다. 이는 개인에게 전혀 생경한 것이다. 또한 이 **숭고의 감정**은 **열광**인데, 우리는 앞에서 열광을 철학의 팩터로 삼은 바 있다. 숭고의 감정은 따라서 학문으로 고양되는 게 마땅하다.

철학의 요소들은 **의식**이며, 또한 **무한자**이다. 이는 모든 실재성(Realität)의 요소들이기도 하다. 실재성은 양자 사이의 무차별점(IndifferenzPunkt)다. 의식을 위해서만[의식에 대해서만] 의식은 의식 밖에 실재성을 지닌다. 의식은 필연적이다. 왜냐하면 자아는 또한 하나의 가능한(mögliches) 의식을 통해서 하나의 현실적인 것[의식](ein wirkliches)을 정립하기 때문이다. 또한 **그[의식]의 가능성을 통해 현실적인 것은 필연적이다.** 무한자에 관하여는 전혀 추상[사상]을 할 수가 없다. 왜냐하면 무한자를 없앨(vernichten) 수 있는 것은 무한자뿐이기 때문이다. 따라서 다시 말해 무한자는 **의식에 대해[의식을 위해] 실재성을 지닌다.** 무한자는 단적으로만(nur schlechthin) 정립 가능하다. **의식의 유일한 대상[목적]은 무한자이며 무한자의 유일한 술어는 의식이다.** ㅣ 양 요소들은 하나의 완결적인 영역을 형성하며 그 중심에는 실재성이 자리한다. **의식과 무한자의 양극단 사이에서 종합(Synthesis)이 사유되지 않으면 안 된다.** 추상을 통해 우리는 오로지 그것(종합)에 이르며, 또한 **추상의 경향은 종합적이다.**

이로부터 우리 철학이 도출된다(sich ergibt).

정리 I.

모든 것은 일자 속에 존재하며, 또한 일자는 모든 것이다.

이것이 모든 이념의 원리이며, 모든 원리의 이념이다.

절대자와 대립적인 모든 것을 추상함으로써 우리는 이 정리에 도달하였다. 우리는 그로부터 **무한자**를 단적으로 정립하였다. 그러나 동시에 우리는 **무한자의 의식**도 얻었으며 바로 **그로부터 모든 철학이 나타난다.**

이 현상(Phänomen)을 좀 더 자세히 살펴보지 않을 수 없다.

우리는 우선적으로 그것[절대자]에 관한(dafür) 지를 추구하기 때문에 인간의 지와 의지를 추상한다면, 또 그럴 수밖에 없다면, 우리는 | 다시금 어떤 것을 발견한다. 즉 **감정(Gefühl)과 노력(Bestreben)**를 발견한다. 우리는 여기서 무한자의 의식과 유사한 어떤 것을 발견할 수 있는지 없는지를 살펴보려 한다. 먼저 **감정**을 살펴보자.

인간의 삶에 변화들을 불러일으키는 개별적이고 다기한 감정들을 제쳐놓고 생각하면 우리에게는 **하나의 감정**이 남는다. **이것은 숭고의 감정**이며 이것에서 우리는 **무한자의 의식**과 유사한 것을 발견한다.

사람들은 이 감정을 설명하고자[3] 하지만 되지 않는다. 그것[숭고의 감정]은 설명될 수 없는 **최종의 것, 근원적인 것**이다. 그것은 인간을 동물과 구별시켜주는 것이다. 그것은 대상(Gegenstand) 속에는 자리하고 있지 않다. 대상은, 인간이 원하는 것이 무엇이든 [상관없이] 존재할 것이다. 그 감정[숭고의 감정]은 **유일무이**하다. 그것은 인간의 **근원적인 것**이다. 그

---

3) 숭고의 감정은 설명을 필요로 하지 않는다. 그러나 다른 모든 감정들은 설명되어야만 한다.

것은 문화에 의해 좌우되지 않는다. 가장 미개한 야만인도 최고의 에너지와 접하게 한다. 모든 개별적인 감정들, 예컨대 자잘한 감정들이 갑자기 중단되면서 그것은 발생한다. | 그래서 그것은 **노력들(Bestrebungen)** 을 할 때도 존재한다. 인간의 삶을 다양하게 하며 뒤바꾸어 버리는 많은 개별적인 노력들 중에 다른 모든 것이 거기서 나오는 하나의 것이 있으니 그것이 바로 **이상을 향한 노력(Streben)** 이다. 그러나 이것은 자연으로부터가 아니라 순전히 문화로부터 나온다. 지와 의지를 추상할 때 발견되는, 무한자의 의식과 유사성을 지니는 최고의 것을 우리는 찾아내고자 하였다.

우리는 숭고의 감정과 **이상을 향한 노력[이상의 추구]** 을 발견하였다. 우리는 이제 훨씬 더 높이 올라가야만 한다. 그래서 양자 사이에 매개된 것으로 존재하는, 양자가 만들어낸 **공통적 최종자** 를 보아야만 한다. 이는 **하나의 동경, 무한자를 향한 동경** 이다. 그 이상의 어떤 것이 인간에게는 없다.

숭고의 감정은 돌발적이다. 그것은 갑자기 나타났다 사라졌다를 | 반복한다. 무한자에 대한 동경은 그렇지 않다. 그것은 **평온하고 영원하** 다. 이상과 동경은 동경에 들어있는 무규정자를 통해 구별된다. 동경은 하나의 이상과 결부되어 있는 것이 결코 아니다. 동경은 어떤 이상에도 고착되어 있지 않다. 이상을 향한 노력은 전적으로 개별적이다. **개체(Individuum)** 와 연관된 하나의 이념, 즉 **하나의 전체가 하나의 이상을 부여한다.** 누군가가 이상을 향한 노력(Streben)을 하고 있고 이 노력이 무한자에 대한 동경과 결부되어 있다면 그는 이러한 의미를, 즉 **모든 이상적인 것에 대한 사랑** 을 지닌 것이 된다. 그러나 누군가의 **무한자를 향**

한 동경이 숭고의 감정과 연결되어서 이 사람이 항상 그 감정[숭고의 감정]을 지니려고 할 때 이러한 상태를 사람들은 **교양(도야Bildung)**이라고 부른다.

(교양의 일반적 의미는 문화(Kultur) 혹은 세련(Politur)이다. 교양을 사람들은 본래는 위에서 말한 의미로만 쓰고들 있다.)|

플라톤의 몇몇 저술들, 특히 파이돈은 가히 무한자를 향한 동경을 불러일으킬 만하다. 또한 예컨대 저자[4] 미상의 **종교론**[5]과 같은 최근의 몇몇 저술들도 그러하다.

무한자를 향한 동경은 늘 동경일 수밖에 없다. 무한자는 직관의 형식으로는 드러나지 않는다. 이상은 결코 직관을 허락하지 않는다. 이상은 사변을 통해서 나온다.

우리는 정리 자체로 되돌아왔다. 즉 **모든 것은 일자 안에 있으며 일자는 모든 것이다.**

이것이 바로 하나의 정리이다. 왜냐하면 이것[정리]이 모든 이론의 핵심이기 때문이다. 바로 이것이 우리가 2번째 문제를 해결하면서 실험을 통해 발견한 모든 결과의 표현이다.

이 정리로부터의 귀결[추론]들(Folgerungen)|

이 정리로부터 나오는 네 가지 **공리들**

---

4) 슐라이어마허
5) 또한 바아더(Baader)의 저작이 있음

1번째 공리: 원리들은 오류에서 진리로의 이행이다.[6]

모든 실재성은 대립적인 요소들의 산물이다. (이제 서슴없이 주장해도 좋다. 자연학은 자기가 의도하는 만큼 높이 올라갈 수 있을지 모르나 자기가 묶여 있는 **이원론** 이상의 지점을 찾을 수는 없을 것이다. 이것이 바로 지고지순한 기만(Täuschung)이며 그런 까닭에 포에지의 원리이다.)

2원성은 질료와 관계하는 모든 원리들의 특성(Charakter)이다. 이제 두 가지 요소들로부터 두 개의 근본요소들이 재차 생기기 때문에 원리들의 형식은 **4원성**이 된다.

2번째 공리: 실재성은 이념 안에서만 존재한다.

동일성은 이념들의 특성이다. 따라서 이념들은 **표현**, 혹은 상징일 뿐이다. 이념들의 형식은 3원성이 된다.(첨언하자면, **방법은 환원(Redukzion)에서 출발하지 않을 수 없다.** 따라서 체계는 정신에서 출발하는 것이 아니라 문자(Buchstaben)에서만 출발할 수 있다.)

3번째 공리: 모든 지는 상징적이다.

이 공리는 2번째 공리로부터 직접적으로 나온다. 이념들은 상징적으로만 언표될 수 있다.

4번째 공리: 모든 진리는 상대적이다.

요컨대 모든 진리는 유명한 격언대로 중간[중용]에만 있기 때문이다. 또한 모든 실재성은 중간[중용]에 있기 때문이다. ― 진리는 착각[기만]의 충돌(Konflikt)에서 나온 산물이다. 진리는 동종의 오류들 간의 투쟁에서 생성된다.

---

6) 원리들은 현상들, 즉 유한자와 규정자(Bestimmte)로부터 나온다.

반론들

그러나 반론이 제기될 수 있을 것이다. 도대체 무한자 자체가 **허구**(Erdichtung) 아니냐? 무한자는 **오류**(Irrthum)나 **기만**(착각, Täuschung), 혹은 **오해**(Mißverstand) 아니냐?

이에 대해 우리는 이렇게 답한다. | 물론 무한자는 **허구**이다. 그러나 전적으로 필요한 허구다. 우리의 자아는 무한자에 다가가려는 경향을 지니고 있다. 자아가 물 흐르듯 무한자에게 다가감을 통해 우리는 무한자를 사유할 수 있을 뿐이다.

그러나 **오류**는 저절로 사라지는데, 그 까닭은 우리가 우리 자신을 중심[7]으로 삼아 출발하여 다시금 우리 자신으로 되돌아오기 때문이다. 거기에서 어떻게 오류가 생길 수 있는가? 이는 **착각[기만]**일 수도 없다. 왜냐하면 무한자는 일자일 뿐이어서 혼동을 할 수가 없기 때문이다.

오해에 관해서는 [논란의] 여지가 훨씬 클 수 있다. 그러나 오해란 것도 진리를 전제한다.

또한 **믿음**이 지의 최종 근거인 것도 아니다. 믿음은 우리가 알 수 없는 곳에서만, 우리가 사유한 것의 실재성이 의식에 들어오지 않을 때만 발생 가능하다. |

---

7) 우리 존재의 중심은 개체성(Individualität)이 아니라 지대한 이성의 영역에 있다.

앞서 제시된 공리들로부터 귀결하는 명제들이 나타난다. **철학은 무한하다, 내포적으로든 외연적으로든. 철학을 분류하는 것은 자의[8]적이다** (willkürlich).

그러니 일례로 **피히테**의 철학을 4부분으로 나누어보자.

1부) **대립의 지식학**

2부) **도덕 철학**

3부) **종교철학과**

4부) 실천이성의 요청으로서 자연법

피히테 철학의 일반적 도식(기본틀, Schema)은 그러므로 하나의 ☐(네모)일 것이다.

스피노자의 철학에는 통일성만 들어 있다. 그는 무한자(신)로 시작하여 무한자로 끝난다.

그의 철학의 일반적인 도식은 ○(원)이 될 것이다.

고대 그리스 철학에도 물론 **통일성**이 있지만 결코 완결적이지 못하고 무한자를 알려주는 일을 늘 되풀이하였다.│ 이 모든 분류들은 우리의 기본틀[도식] 안에서 밝혀지게 될 것이다.

철학은 무한하다. 그리고 그 분류는 자의적이다. 이 명제들로부터 가장 완전한 체계란 **근사치(Approximazion)**일 뿐이며, 그 체계는 철학 일

---

8) 독일어 'Willkür'는 보통 '자의(恣意, 제멋대로 생각함)'로 번역되며 부정적인 의미로 사용되는 경우가 많다.(특히 헤겔의 경우는 거의 부정적인 의미로 쓰인다.) 그러나 슐레겔에서는 그렇지 않다. '자유의 사'나 '자유의지'의 의미에 가깝다. 즉 恣意에 自意(혹은 自由)의 의미를 부여한다. 'Willkür'자체가 恣意와 自意의 두 가지 의미를 모두 지니고 있다. 따라서 헤겔이든 슐레겔이든 용어사용이 '자의(恣意)적'이라고 볼 수는 없다. 각자의 철학적 입장에 따라 '자의(自意)적'으로 쓰고 있다고 봐야 한다.(역자)

반의 이상이 아니라 각인각색의 이상이라는 결론이 나온다. (이것은 어떤 한 체계의 **정신**과 **문자**를 떠올리게 한다.) 모든 체계는 환원과 분석으로 시작한다. 환원은 현상들의 복잡함을 개별적인 현상들로 분해하는 것이다.

철학이 무한하다면 지도 무한하다. 그렇기 때문에 **하나의** 지만이, 즉 철학적인 지[9]만이 존재한다. 모든 지는 철학적이다. 그것은 분리 불가한 전체이다.

그 공리들로부터 철학과 마찬가지로 **회의 역시 영원하다는 결론** 또한 도출된다. 그러나 회의는 **체계**로서가 아니라ㅣ철학에 속하는 한에서 그러하다. 체계들의 무한급수[무한진행](eine unendliche Progression)를 통해서만 철학의 이념에 다다를 수 있다. 그 형식은 하나의 원환(Kreislauf)이다.

두 대립적인 요소들로부터 어떻게 하나의 원이 기술될 수 있는가를 알고자 하는 이는 사태를 대략 다음과 같이 생각할 수 있어야 할 것이다. 즉 원의 중심(Centrum)은 긍정적 팩터이며 반경(Radius)은 부정적 팩터이다. 그리고 원둘레의 점(PeripheriePunkt)은 무차별점(IndifferenzPunkt)임을 생각해야 한다. 이때 무차별점의 긍정적 팩터는 중심부(Centro)의 긍정적 팩터와 통일되고자 노력을 하는 반면, 부정적 팩터에 의해 그것[무차별점의 긍정적 팩터]은 중심부로 다가가지 못하고 중심을 회전만 하게 된다. **열광**이 여기서 중심이다. **회의는 반경**이다.

열광은 **절대적**이어야만 한다. 즉 열광은 감소되거나 혹시라도 사라져

---

9) 철학은 영혼, 즉 모든 지의 중심을 고찰한다.

서는 안 된다. | 반경은 무한히 성장할 수 있다. 따라서 또한 의식의 정도(Grad)가, 즉 **회의**가 성장하면 할수록 둘레(주변)는 더욱 커지며, 달리 말해(oder) 철학이 커진다.

이탈리아 시인이 신에 관해 말한 것을 철학에 관해서도 말할 수 있을 것이다. 즉 **철학은 그 중심이 도처에 있는, 또한 그 주변[둘레]은 어디에도 없는 원이다.**

철학 전체에 적용되는 것은 철학의 모든 부분들에서도 마찬가지로 적용된다.

철학은 **무한자의 의식**을 다룬다. 철학이 이것[무한자의 의식]을 **의식을 제외하고** 고찰한다면 철학은 **가장 깊은 심연**으로 내려가며, 이것을 **의식으로써** 고찰한다면 철학은 인간 정신만이 다다를 수 있는 **최고 최상**에 오를 것이다. |

철학의 경향은 절대자를 향한다. 이로부터 다음의 두 항목(Artikel)이 철학에 부여된다.

1) 무한자에 대한 동경이 모든 사람에게서 발휘되어야 한다.

2) 유한자의 가상은 없어져야 한다. 그것을 위하여 모든 지는 혁명적인 상태로 정립되어야만 한다.

의식은 역사이다. 규정자의 무규정자로의 귀환은 **여러 시대**를 포괄하며 이루어진다.

[오류의 시대들]

시대 Ⅰ.
품격 면에서 가장 단순한 혹은 가장 낮은 의식

감응(Empfindung)

현상인 감응을 그의 팩터(요소)들로 나누고자 한다면[10] | 긍정(적극)적 팩터(혹은 요소)는 **욕구**(Begierde)이며 부정(소극)적 요소는 **분노**(Zorn)이며, 무차별점은 **공포**(Furcht)이다.

중심으로부터 무한급수가 진행한다. 그 최소는 **질투**(Neid)이며, 그 최대는 **경탄**(Erstaunen)이다.

경탄은 숭고의 감정의 뿌리이다. 그것은 매우 생경하고 우매한 것일 수 있다. 그리고 이상을 향한 모든 노력은 질투로부터 출발한다.

우리가 최초의 시대에 발견하는 이러한 정욕(Leidenscaft)들, 격정(Affekt)들, 혹은 감응들은 물론 오류를 낳는다(이것들은 순전히 개체를 향한다). 이 시대는 그렇기 때문에 오류의 시대이다. 오류-그리고 이것이 이 시대의 특성인데-란 개체들을 완전히 오해하는 데에 있다. 인과성, 질, 양의 범주들이 실재적인 것으로(reell) 현상한다.

---

10) 이 부분에 대한 부연설명이 있다. 그런데 이 자리에서 설명이 이루어지지 않고 뒤쪽, 즉 이 책 67~68쪽의 작은 글씨에서 이루어지고 있다. 이는 수고(手稿)를 노트로 묶을 때 발생한 잘못이다. 즉 요세프 쾨르너가 발견한 수고 자체가 그렇게 잘못되어 있다. 이 오류를 최초의 편집자인 쾨르너도, 이후의 KFSA 편집자도 바로잡지 않았다. 수고 자체에 오류가 있다고 해서 손을 댄다면, 그것이 더 큰 오류일 것이라는 생각에서 그렇게 한 것으로 보인다. 이 책도 이에 따랐다.(역자)

시대 Ⅱ.

직관

이 시대도 **오류**의 시대이다. 이 시대의 오류가 지니는 특징은 **사람들이 상이한 영역들을 혼동한다**는 데 있다.

시대 Ⅲ.

표상

여기서도 오류만이 발생한다. **사람들은 실재성 없이 순전히 형식적으로[판에 박힌 듯이] (formell) 생각한다.** 이 시대는 그렇지만 오성적 가상의 발원지이다. 오류는 이미 전적으로 이론적이다.

이 시대는 **오류**의 시대의 마지막이며 바로 이어지는 **최초의 진리의 시대**와 곧 합류한다.

[진리의 시대들]

시대 Ⅰ.

분별(Einsicht)

이 시대는 진리로의 이행기(Übergang)이다. 따라서 이 시대는 **원리의 시대**라고도 부를 수 있다.

표상의 시대와 분별의 시대의 융합을 통해 독단론이 출현한다. 독단론은 실재성을 순전히 형식적인 사유에서 구(求)한다. 독단론은 원리만을 추구한다.

분별의 시대에도 여전히 오류의 정도는 높았으나 그럼에도 불구하고 이미 진리로의 이행기이다. 이 시대는 원리들을 지향했기 때문에 지를 추구하고자 노력한다. 이 시대의 특성은 **규정성(Bestimmtheit)**이다.

시대 Ⅱ.

이성

진리의 시대로 두 번째인 이 시대는 **무한자의 인식**을 지향한다. 따라서 **이념의 시대**이다.

이 시대에서 발견되는 것은 긍정적(실증적) 진리이다. 이 시대는 또한 ㅣ**인식의 시대**이기도 하다.

여기서 **관념론**이 가능하다. 이 시대의 특성은 **명석성(Klarheit)**이다. 이 시대에도 여전히 오류는 가능하지만 그 오류란 오해 정도에 불과하다. **모든 현존재를 고정적인 것으로** 간주하고 **활동적인 것**은 버리는 정도에, 아니 **활동성만**을 인정하고 모든 실체적인 것을 버리는 정도에 불과하다.

이 시대와 더불어 의식이 자신의 최고 단계에 도달함으로서, 그래서 또한 의식의 최종 시대로서 의식의 역사가 종결되는 것처럼 보인다. 그러나 그것으로 전체가 완결된 것은 아직 아니다. 의식은 다시금 자기 자신으로 회귀해야만 하며, 그래야 비로소 자신의 역할범위(Sphäre)에 종지부를 찍게 된다. 그래서 다른 한 시대가 출현한다. 이것이 바로 **오성의** 시대이다.

시대 Ⅲ.

오성[11]

이 시대는 모든 시대의 회귀이다. 이때에 이르러 비로소 전 세계를, 즉 이성의 시대에도 아직 전례가 없던 전체를 파악 | 한다. 이 시대에서야 비로소 모든 것이 **판명해진다(deuten)**. 이 시대의 특성은 그래서 **판명성(Deutlichkeit)**이다.

이 시대의 본질적 특징은 상징의 시대라는 데 있다.

---

11) 오성은 정신 및 사유능력의 최고 완성이며 고대인들은 이를 νους(누스)라고 표현하였다. 오성은 보편적 의식 혹은 의식적 보편 등등이다.

관념론의 비판

인간 오성의 역사는 의식의 연역으로부터 출현한다. 다시 말해 의식이란 규정자를 무규정자로 귀환시키는 것이다. 최초의 시대—**감각**—는 야수성에 메여 있던 시대이다. **이성의 시대**는 최고의 시대이다. 그러나 원(Kreis)은 그것으로는 아직 완성되지 않는다. 비로소 **오성의 시대**와 더불어 원은 완결된다. 따라서 이 시대가 **최고의 시대**이다.

모든 시대는 의식에 기반한, 그리고 무규정자로의 복귀정도에 따른 나름의 격(Dignität)에 따라 이름이 붙는다.

감각은 순전히 개별적이다. 직관은 이미 이론적이 된다. 즉 직관은 이미 추상화를 한다. 표상의 경우는 더 나아간다. 개략적으로 말하자면, 표상의 시대에 오류는 | 훨씬 이론적이 된다. 그러니만큼 진리는 훨씬 실천적이 된다.

분별의 시대는 현상으로부터 출현하며, 지를 얻고자 노력한다. 이 시대는 현상으로부터 출발하기 때문에 **인과성, 질, 량의 범주들**을 실재적인 것(reell)으로 받아들인다. 이 시대는 바로 유한자로부터 출발하기 때문이다. 그러나 결국 뭔가 잘못된 것으로부터 출발했음을 깨닫고 오류를 제거하게 된다.

일반적인 이원론은 지를 얻고자 노력한다.

이원론은 지를 지향하는 반면 실재론[12]은 진리를 얻고자 한다.

---

12) 경험적 실재론을 말하는 것이 아니다. 여기서 실재론이란 전적으로 초험적(transzendent)이다. 실재론은 하나의, 불가분의 전체, 즉 무한자와 관계한다.

[무한자와] 분리되어 나타나는 실재론은 절대적 회의로만 존재할 수 있다. 실재론은 내실(Gehalt)과 내용(Inhalt)이 전혀 없다. 왜냐하면 실재론은 절대적으로 긍정적인 것[실증적인 것]이기 때문이다. 그 형식을 보자면 실재론은 절대적으로 간접적이거나 부정적으로 존재할 수밖에 없을 것이다.

이원론은 순전히 **경험(Empirie)**과 관계한다. 반면 실재론은 순전히 **이론**과 관계한다. 이원론의 특성이 **이원성**인 것과 마찬가지로 실재론의 특성은 **동일성**이다. **이원론에는 순전히 두 개의 활동성**만 있으며 실체는 없다. **실재론**에 의하면 순전히 **유일한, 불가분의 실체**가 존재한다. 여하튼 이원론과 실재론은 **관념론의 두 요소**이다. 이원론이 **부정적** 요소이고 실재론은 **긍정적 요소이다.** | **관념론**13)은 본래적으로 **독단론**과 대립적이다. 독단론은 진리의 정신에서 출발하지 않은 분별의 시대에 출현한다. 독단론은 부정적인 것을 곧바로 유일한 실재자(Reelle)로 받아들이고 진정한 실재자에는 유의하지 않았다. 독단론은 여하튼 원리 탐구를 추구한다. 독단론은 따라서 범주를 실재적인 것(reell)으로 받아들인다. 독단론도 높은 수준에는 오를 수 있게 되었다.

독단론은 원리들을 최고로 여기기 때문에 이러한 원리들을 통일시킬 수는 있다. 또한 원리들을 하나의 최고 최종의 원리 하에 결집시킬 수도 있다. 그러나 독단론은 그렇기 때문에 심지어는 최초의 원리 이상(以上)의 원리를 결과적으로 받아들일 수도 있는 것이다. 또한 그래서 독단론은 신비주의와 맞닿아 있음을 알 수 있다. 신비주의는 근원적으로 자신에게 계시된 것 이상의 원리들이 존재한다고 믿는다. 그러나 그 이상의 원리들이라는 전제로 인해 일체의 방법이 사장되어버린다는 것은 자명하다.

독단론의 요소들은 경험론과 유아론(Egoismus)이다.

이원론은 **경험**과 관계한다. **실재론**은 **이론**을 추구한다. 정신과 문자처

---

13) 관념론은 항상 독단론과의 논쟁에 빠지게 된다. 왜냐하면 독단론은 빈번히 관념론과 상충하기 때문이다. 독단론자들 중에서는 야코비와 칸트를 체계의 대표자들로 볼 수 있다.

럼 그것들은 서로 관계한다[14].

여기서 이원론과 이론을 결합시킨다면 현상들이 아니라 요소들에서 출발하는 학문이 만들어진다. 이것이 바로 **수학**이다. 수학은 흡사 **선험적 이원론**과 같다.

수학은 **요소들**로부터 출발해야 하며 또한 그로부터 나머지 모든 것이 산출되어야만 한다. 기하학의 요소들은 점과 직선일 것이다. 산술의 요소들은 1과 0일 것이다.

반면 **실재론**과 **경험**을 결합시킨다면 거기서 발생하는 학문이란 수학과는 가장 거리가 먼 것임에 틀림없다. 그것은 바로 **역사**이다. 역사는 일종의 **경험적 실재론**이다. 그러나 실재론이 이(경험)를 넘어서는(transzendent) 것인 반면 역사는 **절대적으로 경험적인 것**과만 관계한다. 역사는 참된 존재자(ὄντως ὄντα : ontos onta)와만 관계한다.

이원론은 요소들을 추구한다. **실재론**은 **실체**를 추구한다. 이원론의 특성은 **이원성**이다. 실재론의 특성은 동일성[15]이다.

여기서 다시 **요소들**과 **동일성**을 결합시킨다면 두 개의 활동성은 하나가 되어 일자 안에 포함될 것이 틀림없다. 그래서 **영역**이라고 부르는 것이 출현한다.

반면 **실체**와 **이원성**을 결합시킨다면 **개체**가 나타난다.

실재론은 실체 혹은 **항상성**(Beharrlichkeit)을 추구한다. 이원론은 요소 혹은 **가변성**[16]을 추구한다. 여기서 **영역**과 **항상성**을 결합시킨다면 우

---

14) 이원론 ⟍ ⟋ 실재론
　　경험론* ⟋ ⟍ 이론 [*'경험론'이라고 되어 있으나 '경험'의 오기(誤記)로 보인다(역자)]
15) 요소들 ⟍ 실체
　　이원성 ⟍ 동일성
16) 요소들 ⟍ 실체
　　이원성 ⟋ 동일성

리가 **도식**이라고 이해하는 것이 나타난다. 반면 개체를 가변성과 결합시키면 **형성**(교양, Bildung) 또는 **생성**이 주어진다. 도식들은 수학의 산물들이다. | **형성[교양]**은 모든 역사의 내용이다. 역사를 조건 짓는 것은 이상이다. 이상은 바로 역사가 관계하는 곳에 존재한다.

수학을 조건 짓는 것은 상징이다. (수학의 저 4가지 요소는 상징들이다.)

수학과 역사는 여기서 다시 두 개의 요소들로 간주되어야 하며 그 무차별점이 **물리학**이다.

물리학은 수학과 역사 사이에 자리한다. 따라서 물리학은 우리가 수학과 역사에서 발견한 것을 증명(nachweisen)하게 된다.

수학의 특징은 도식들, 즉 조건들 다시 말해 **상징**들이다. 수학이 관계하는 것은 바로 **영역들**이다. **수학의 방법**은 구성(Konstruiren)이다.

역사.

특징은 : **형성**

조건 : **이상**

관계하는 것 : **개체**

방법 : **성격규정(Charakterisiren)** |

여기서 **도식과 개체**가 결합되면 **현상**(Phänomen)이 나타난다. 반면 **형성과 영역**을 결합시키면 **시대**(시기)가 주어진다.

나아가 **이상과 구성**을 결합시킨다면 **근사치적 구성**(approximirendes Konstruiren) 혹은 **실험**(Experimetiren)을 얻는다.

또한 **상징과 성격규정**(Charakterisiren)을 결합시킨다면 이는 **해석**

(Interpretiren)[17])이 된다.

이 모든 개념들은 그런데 **물리학**에 속한다.

물리학이 학문 중에서 최고라는 것은 쉽게 알 수 있다. 물리학이 수학과 역사의 무차별점이기 때문이다. 그래서 마치 관념론이 이원론과 실재론의 무차별점에 자리하는 것처럼 수학과 역사는 이원론과 실재론으로부터 도출된다. 이로부터 우리가 이미 위에서 말했던 것이 결과로 나온다. | 즉 물리학은 제1의 학문이다. **왜냐하면 모든 학문은 자연학(NaturWissenschaft)이기 때문이다.**

우리가 도출한 학문의 이 기준을 예술에도 적용하고자 한다면 다음과 같은 동기를 부여받을 수 있을 것이다. **우리는 철학을 구성해야 한다.** 그렇지만 이는 **우리가 인간의 의식을 발전시킴으로써** 발생한다. 하지만 이때 의식에는 미적 예술들도 당연히 포함된다.

그러나 여기서 이런 식의 적용을 하는 것은 너무 멀리 가는 일이 된다. **이원론**에는 **조형예술**이, 반면 **실재론**에는 음악이 상응한다고만 해두자.

조형예술은 **조각**과 **회화**[18]라는 이원성을 지닌다.

지금까지 살펴본 것으로부터 **관념론의 에너지(Energie)**를 알 수 있다.

관념론은 **진리의 최고 합산**으로서 모든 것들 위에 서 있다. 또한 관념론은 모든 것에 뻗쳐 있다. 모든 것은 관념론을 통해 조건지어진다.

---

17) 따라서 :

도식	╳	형성
영역들		개체
상징	╳	이상
구성		성격규정

18) 오류의 시대 전부를, 예컨대 감성이라는 이름으로 요약하여 그것을 관념론(혹은 진리의 최고 합산) 과 종합하면 우리는 포에지 개념을 얻는다(피히테는 그것을 그렇게 세운다).

학문들은 관념론의 요소들로부터 도출된다. **관념론**과 **물리학**은 부합하는 것처럼 보인다. **차이**는 무엇인가? 모든 **실재성**은 **의식**(순수한 형식으로서의)과 **무한자**로부터 나온 결과이기 때문에 **의식**은 **부정적인 것** 혹은 **최소의 실재성**으로, 반대로 **무한자**는 **긍정적인 것** 혹은 **최대의 실재성**으로 간주되어야 한다.

의식은 무한자에 대한 근원적 반성, 그러나 무의식적(bewußtlos) 반성이다.

우주[세계, 삼라만상]의(최대의) 근원으로서의 최소의 지각은 예지적 직관이다.

관념론과 물리학 간의 차이는 이러하다. **철학자(관념론)**는 ǀ **최소와 최대를 다루며 물리학은 유한한 지절들을, 즉 실재성과 요소들 사이의 비례적 무한급수[무한진행]에 놓여 있는 유한한 지절들을 다룬다.**

우리는 **의식**과 **무한자**로부터 출발하였다. 그 다음으로 무한자의 의식에 이르기 위해 필수적인 주관적 조건들을 모색했다. 우리는 이러한 것들을 구성해야만 했으며 그래서 마침내 **인간 오성의 역사**에 다다르게 되었다. 이로부터 그 다음으로 **관념론의 비판**이 이루어졌으며 또한 여기서 **학문의 백과사전**이 도출되었다.

방법에 관하여

방법은 **체계**와 어떻게 구별되는가? 방법은 **정신**이며 체계는 **문자**이다. 체계는 **철학의 조직화**(Organisation)이며 ǀ 방법은 **내적인 생명력**(die innere Lebenskraft)이다.

철학은 의식의 수학이며 삼라만상의 역사이자 오성의 물리학(논리학이라고 할 수 있음)이다. **방법**과 **체계**는 오성의 물리학과 관계한다.

체계. 이에 대해서는 **내적으로 완전한 학문적 전체**라는 것 이상의 말을 할 수가 없다. 체계는 **질료**와 **형식**에 근거한다. **철학의 질료는 원리들과 이념들**이며 그 **형식은 통일**인데 이 통일의 부정적 팩터는 **조화**이며 긍정적 팩터는 **일관성(Konsequenz)**이다.

이때 질료(이념들)라는 부정적 팩터와 형식(조화)이라는 부정적 팩터를 결합시키면 여기서는 체계의 어떠한 특징도 나타날 수가 없다. 긍정적인 두 팩터, 즉 **원리들**과 **일관성**을 결합시켜도 마찬가지이다. 반면ㅣ긍정적 팩터 하나와 부정적 팩터 하나를 결합시킨다면 – 예를 들어 **일관성**과 **이념**이 결합되면 **균제(Symmetrie)**가 나온다. 이념은 전체를 파악하며 일관성은 목적을 추구한다. 또한 **조화**가 **원리들**과 결합되면 **연속성(Kontinuität)**이 나온다.

따라서 원리들의 연속성과 이념의 균제는 체계의 성격들이다.

전체와 부분들의 관계 및 부분들과 전체의 관계를 나타내는 것인 원리를 우리는 예술에서 구하지 않을 수 없다. 원리는 건축적인 것(das Architektonische)이다. 즉 **조형예술**(부정적 요소로서)과 **음악**(긍정적 요소로서)사이에는 **건축** 말고는 아무 것도 있을 수 없다.

체계는 하나의 철학의 전체를 현시(darstellen)해내야 한다. **방법**은 이 전체를 산출해내야 하다.

전체를 산출해내기 위해서 우리는 이와 관련한 **4개의 요소들**을 또한 가지고 있다. 즉 철학은 **회의**와 **열광**으로 시작한다. 나아가 철학은 경향

적으로 **절대자**와 **실재성**을 추구한다. 따라서 회의, **열광, 절대자, 실재성**
이 바로, 철학의 방법이 산출되도록 해주는 4가지 요소들이다. 요컨대 **회
의와 실재성**을 결합한다면, 다름 아닌 바로 **실험**이라는 표현으로 우리가
이해하는 것을 얻게 된다.

철학의 방법은 따라서 첫째는 **실험**인데 **그렇다면 그것이 추구하는 방
향은 어디일까?** 이는 다른 두 가지 요소인 | **열광**과 **절대자**를 결합하면
밝혀진다.

그로부터 밝혀지는 것을 한마디로 표현할 수는 없다. 다만 **방법의 방
향은 원형적(圓形的, kreisförmig)이라는 것만 말할 수 있겠다. 즉 중심에
서 출발해서 다시 중심과 관계한다.**

나아가 우리가 발견한 방법의 요소들은:

분석, 종합 추상이다.

여기서 우리가 추상에서 분석으로 가게 되면 **추론Diskursiv(추리
raisonnement)**의 개념을 얻는다. 반면 분석에서 추상으로 가게 되면 우
리가 얻는 개념은 **직관적**이다. 여기다가 이 두 개념들을 중간(종합)과 결
합시켜보자. 그래서 개념을 추론적으로 종합과 결합시키면 **반성**이 주어
진다. 또한 개념을 **직관적으로 종합**과 결합시키면 **사변**[19]이 주어진다. |
여기서 다시 **반성**과 **사변**을 결합시키면 **알레고리**를 얻는다.

---

19)

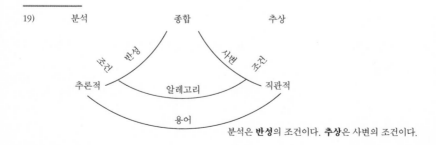

분석은 **반성**의 조건이다. **추상**은 사변의 조건이다.

모든 사변의 질료는 **이상**이다. 반성은 현상(Phänomen)을 전제하다. 알레고리는 이상의 발현(Erscheinung)이다.

반성과 사변은 모든 사유의 형식들이며; 사유를 통해서는 따라서 순전히 알레고리만 얻는다.

나아가 **추론적**으로 그리고 직관적으로 결합시킬 때, 우리는 **용어**(Terminologie)를 얻는다. 여기서 **과제는 추론적인 것을 가시화하는 것**이다. (그러나 여기서 '용어'를 일상적인 의미로 이해해서는 안 된다. 여기서 '용어'는, 모순이 포함된 개념을 가리키는 표현이다. 예를 들어 **예지적 직관, 초월적 관점, 객관적 자의(Willkür)** 등등.)

여기서 다시 추상을 살펴보면 그 특성 중 하나는 **생산함**(Produziren)이다. 또 다른 특성은 대립적인 것을 **입증함**(Demonstriren)이다. 여기서 다시 이를 위에서 살펴보았던 것과 조합해보자.(B. 부언설명을 보라)* 우리는 무한자에 대해서는 **정의**하고, 또한 **의식**에 대해서는 **연역**한 바 있다.

여기서 **생산함**과 **연역함**을 조합하면 중심개념을 **구성함**에 이른다.

(이것은 **수학**의 방법이다.)

반면 **입증함**과 **정의함**을 조합한다면 중심개념의 **성격규정**에 이른다.(이것은 **역사**의 방법이다.)

물리학의 방법은 **실험**이다.(이는 회의와 실재성의 조합을 통해 나온다.) 그렇게 해서 우리는 출발한 지점에 다시 있게 된다. | 즉 목표에 다다르게 된다.

종합적 방법의 특성은 그 방법이 중심을 향해 노력한다는(추구한다는) 데 있다.

*여기서 그 위치를 찾아본다면 이 책 54쪽(각주10))의 언급에 대한 부언설명 (Nachtrag)이라고 생각된다.(쾨르너의 주) |

철학의 요소들에 대한 부언설명. **의식**과 **무한자**[20].

두 요소인 **의식**과 **무한자**를 우리는 다시 각각의 요소들로 분해할 수 있다. 우리에게 소여된 것, 즉 한편의 **긍정적 팩터**를 가지고 그 반대편의 **부정적인** 팩터를 찾는다.

무한자에 관하여는 **무규정자**라는 것 말고는 더 이상 아무 것도 알지 못한다. —이것은 따라서 **긍정적** 요소이다. 그 반대자(Das Gegentheil)는 **규정자**이며 이는 무한자의 부정적 요소이다. 이 공식(公式, Formel)이 무한자의 **정의**일 수 있다.[21] ; 즉: **무한자는 무규정자와 규정자의 산물이다.** 그에 대한 증명(Beweis)은 필요하지 않으나 설명은 필요하다. **무규정자가 현실(wirklich)화 하려면 자기 자신으로부터 출발하여 스스로를 규정하지 않으면 안 된다**(응용을 하자면 이렇게 말할 수 있다: 신성은 자기 자신을 현시하기 위해 세계를 만들었다고).

부정적 요소 혹은 의식은 다시 **자아**와 **비아**의 두 요소로 이루어져 있다.

여기서 우리는 정의가 아니라 **연역**을 할 수 있는데, 이때의 연역이란 이러하다 : **규정자가 무규정자의 규정에 도달할 수 있을 때까지 스스로를 계속 규정해나가면**; 자아가 나타난다. 이에 따라 인간을 규정하자면 이렇게 표현할 수 있겠다: **인간은 스스로를, 무규정자 안에다가 무규정자로 나아가도록 규정한다**고. |

(의식의 여러 단계들은 무규정자로 귀환하는 각각의 시대들이다.)

연역에 들어 있는 의식의 개념은 객관적이다. 의식의 개념은 의식을 연역 밖에서도 이해하게 해준다.

관념론의 방법은 조합적인 실험이며 그 방향은 **구심적**이자 **원심적**이다. 즉 중심으로 향해가는 동시에 중심으로부터 나아간다.

---

20) **무한자**는 긍정적 요소이며 의식은 부정적 요소이다.
21) 무한자는 긍정적인 것으로써 **정의**되어야만 하며 **연역**될 수는 없다. 연역은 항상 어떤 것을 전제한다.

(**주석**: 철학을 **실험적인** 철학 혹은 **중심적인** 철학이라고 부르는 편이, 거기에는 방법에 대한 고려가 동시적으로 들어가게 되는 것이므로, 초월철학이라고 말하는 것보다 낫다. 게다가 이 표현은 동어반복이다. 왜냐하면 모든 진정한 철학은 초월철학이기 때문이다.)

방법은 철학에서 부정적인 것[요소]이며, **체계**는 긍정적인 것[요소]이다. 체계의 조건은 **연속성과 균제**이다. 방법은 ǀ 실험이며 방향은 구심적인 동시에 원심적이다.

두 근본요소의 매개항[중간항], 즉 **실재성**을 도출된 요소들과 결합시키면 다음과 같은 것이 얻어진다.: **규정자는 자아 속에서, 무규정자는 비아 속에서 실재적**(reell)이다. 즉 다시 말해: **실재적인 것은 자연의 자유와 인간의 필연성이다.**

상술한 것을 공식으로 나타내면: 자아=비아, 그리고 a=x. 그리고 그 종합은: a=자아.(x=비아, 라는 것은 모든 비철학NichtPhilosophie[22]의 공식이다.)

이 종합으로부터 규결되는 것: **자연의 자유는 인간의 필연성과 같다.**

의식에 무한자의 술어를 부여하면 혹은 의식을 무한자와 결합시키면 우리가 **사유**라고 부르는 것이 발생한다.

사유와 **실재성**을 결합시킨다면, 이어서 ǀ 의식과도 결합시킨다면 우리는 **지**(Wissen)을 얻는다. 지는 의식을 지닌 실재적인(reell) 사유이다. 반면, **무한자와 의식을 결합하면 신성의 순수한 개념**이 나온다. 이를 다시 실재성과 결합시키면 나타나는 것이 바로 ─ **자연**이다. 사유에는 따라서 신성이 대립하며, 또한 지에는 자연이 대립한다. 그로부터 이런 명제가 나온다.: **신성은 사유만 할 수 있을 뿐 알 수는 없다; 또한 우리가 알 수 있는 것은 자연**[23] **뿐이다.**

자연은 실재성과 신성 간의 중간항이다. 자연의 무한한 과제는 **신성을 실현하는 것**이다.

---

22) 양 극(極)의 교류에 대한 최선의 표현은 종합이다.
　　종합이란 이러한 것이다.: **무한자만 존재할 뿐 비아는 존재하지 않는다; 또한 무한자에 대한 규정자는 의식 말고는 없다. 반성**을 위한 공식은: **자아=비아.** 그러나 사변을 위한 공식은 **a=x.**
23) 그래서 자연(과)학만이 유일한 학문이다.

각각의 모든 중간항은 두 요소로의 무한급수[무한진행]로 간주되어야만 한다. 따라서 중간항에는 항상 **최소**와 **최대**가 발생한다.

이제 **분석**과 **추상**을 두 요소로 삼는다면 그 중간항은 **종합**이다. 여기서 최소의 종합을 찾는다면 이는 **환원**(Redukzion)이다. (많은 현상들이 하나로 관계 지어진다는 의미에서) 최대에는 근사치로만 접근할 수 있을 뿐이다. 최대 그 자체는 따라서 **근사치**일 뿐이다.

긍정적인 요소인 체계와 부정적 요소인 방법 사이에는 중간항으로 **삼단논법**이 자리한다.

여기서 이해되고 있듯 **삼단논법**은 어떤 전체를, 즉 자기 자체 내적으로 완전한 것을 나타낸다. 즉 오성 기능의 전체를. **그러나 가능한 최소 l 의 전체를**. 체계 또한 전체이다. 그렇지만 전적으로 복잡한 삼단논법들을 포함할 수 있다. (**삼단논법**이 작은 체계라면, 체계는 보다 규모가 큰 삼단논법이다.)

삼단논법은 체계와 방법 사이의 중간이기 때문에 그것의 최소와 최대를 찾아내지 않으면 안 된다. 이는 다음과 같다. 1)**최소**, 철학의 경향과 그 질료를 결합하면 **실재적인(reell) 원리들**과 **절대적 이념들**을 얻게 되고; 이것들이 합쳐져서 **초월적 관점**을 갖게 된다, 바로 이것이 **삼단논법의 최소 또는 필수조건**(die conditio sine qua non des Syllogismus)이다. [2)]반면에 **최대**는 철학의 시원을 그의 형식과, 다시 말해 회의, 즉 열광 그리고 일관성, 즉 조화와 결합할 때 나타난다. ─ 일관성과 열광, 조화와 회의가 결합하면 l **순수 오성**을 낳는데, 이것이 바로 **최대**이다. 그래서 이렇게 귀결된다:

체계　　삼단논법　　방법.
최소는 초월적 관점이며 최대는 순수 오성이다.

일반적인 주석. 개념들은 증명된다. 그 실재성이 발견될 때까지는 그 개념은 개념으로 전혀 사용되지 않거나, 잠정적으로 사용될 뿐이다. **증명한다는 것은 어떤 사태의 실재성을 밝힌다는 것**(darthun)을 말한다. 그렇기 때문에 모든 증명은 역사적이다. **논리적 증명**이란 있을 수 없다, 왜냐하면 이성적 추론으로부터는 어떤 실재적인 것도 나올 수가 없기 때문이다. **개념들**이 증명을 필요로 하듯이 **명제들**은 **설명**을 필요로 하지만, 증명을 필요로 하지는 않는다. 명제는 두 가지 개념에서 생긴다; 개념이 증명된다고 할 때 명제는 증명을 요하는 것이 아니라 두 개념의 결합에 대한 설명을 요한다. 개념을 찾는 방법이 여러 가지이듯 그것을 ┃ 증명하는 방법도 여러 가지이다.(**진리는 유일하다**는 세간의 통념과는 달리 말이다.) 스피노자와 피히테는 빈번히 그렇게 했다. 이는 실험적 방법 개념에 따른 지극히 당연한 귀결이다. 그래서 예컨대 무한자에 대해서는 무한히 많은 증명들이 있어야만 한다.

철학에는 세 가지 계기가 있다.
1) **객관적 자의**
2) **예지적 직관**
3) **초월적 관점**
객관적 자의와 예지적 직관이 양대 요소라면, 초월적 관점은 무차별점이다.

객관적 자의[24]는 철학의 **필수 조건**이다. 이것[객관적 자의]으로부터 예지적 직관이 나오며, 또한 양자[객관적 자의와 예지적 직관]가 지속적으로 이루어짐(Fortsetzen)을 통해 초월적 관점이 나온다.

문제 II의 해결은 오로지 근사치, 즉 **추상**을 통해서만 가능하다.

근원적인 추상은 자의적인 것(die Sache der Willkür)이다. 그러나 이런 자의는 완전히 객관적이다. 왜냐하면 이런 자의는 모든 객관적인 것의 조건 일체를 추구하기 때문이다. 최고의 통일이 추구되며 모든 주관적인 것은 사라진다.

철학의 중심일 수 없는 모든 것은 사상[추상]되어 마땅하다. 철학은 절대자와 실재성을 추구하기 때문에 모든 상대적 실재성은 사상[추상]되어 마땅하다. 이는 **우리가 절대적 실재성을 정립함**으로써 발생한다. 그러나 우리가 절대적 실재성을 정립한다면 우리는 우리 자신을 나머지로 남겨 놓게 된다. 이제 우리는 다시금 개별적 의식을 사상할 수 있으며 사상해야만 하지만; 반면에 의식의 근원적인 형식을 사상할 수는 없다. 따라서 우리는 여전히 무한자 바깥에, **모든 의식을 포괄하는** 의식으로 남아 있다.

근원적 추상[사상]의 결과. 실재성의 절대적 요소는 **의식**(경험적으로 포착되는 것이 아니라 | 경험적인 것을 비로소 가능하게 만드는 의식)과 **무한자**이다. 그 무엇이든 요소는 눈에 보이지 않는다. 더구나 절대자는 더 더욱 그러하다. 그것[근원적 의식]이 의식된다고 할 때, 즉 근원적 의식을 **직관하고 이해한다**고 할 때, 근원적 의식 전체의 총괄(Zusammenfassung)이 바로 **예지적 직관**이다.

---

24) 객관적 자의는 근원적 추상의 행위(Handlung)이다.

모든 철학의 절대적 테제는 증명될 수 없다; 그[절대적 테제] 위에는 전혀 아무 것도 없다; 그것은 자신의 증명을 자기 자신 안에 포함하고 있다. 그러나 그렇기 때문에 흔히 인정하고 있는 것처럼 철학의 **시작**과 **끝**은 **믿음**이 아니라 단언컨대 **지**이다. 그러나 당연히 **전적으로 특유한 방식의 지, 즉 무한한 지**이다.

모든 믿음은 불확실한 측면을 지니고 있어서 그 역(逆, das Gegentheil)도 가능할 수 있으나 철학의 절대적 테제의 경우는 사정이 전혀 다르다. 그것은 내적으로 절대적이며 그 확실성(Gewißheit)은 더 늘어날 수도 줄어들 수도 없다. ǀ 한번 진리를 본 사람은 그것을 결코 다시는 잃어버릴 수가 없다.

그러나 외견상(von außen) 이러한 내적인 진리 직관은 습득될 수 있는 것처럼 보이지가 않는다. 우리는 그것을 증명할 수 없다. 아니 무한히 증명할 수 있다. 철학자는 **자기 자신을 믿을 뿐**이다. 그러나 이것은 요청(Postulat)이 아니다. 자기 자신을 믿는다는 것은 자신의 이상을 믿는다는 것을 뜻한다. 자기 자신의 이상을 스스로 세우고 이를 자기 삶의 중심으로 삼는 사람은 자기 자신을 믿는다.

믿음은 **지와 그에 대립적인 것**[=무지] 사이의 중간자이다. 최소한의 믿음은 혼잣생각(私念, Meinen)일 것이다. 최대한은 인식함(Erkennen)일 것이다. 인식은 최고의 것이다. 사람은 하나[일자]만을 인식할 수 있으며 사유함과 지는 여기서 하나이다. 사람이 생각[사유]하는 것을 사람은 알며, 사람이 아는 것을 사람은 생각한다. 인식함은 ǀ **최고로 권위있는 지이며 생각**이다.

무한자의 실재성은 인식될 수 있을 뿐 증명될 수는 없다.

추상을 통해 문제 II의 해결이 가까워졌다.

추상 행위(die Handlung der Abstrakzion)는 **객관적 자의**이다. 이것이 바로 형식적인, 즉 부정적인 **필수 조건**이다. 긍정적인, 즉 질료적인 필수 조건은 **예지적 직관**이다. **예지적 직관은 무한자의 의식에 대한 의식이다**. 오성과 직관은 예지적 직관에 포함되어 있다. 초월적 관점은 양자 사이의 중심이다. 이것이 바로 우리를 일체의 개별적인 것에서 벗어나게 해주는 지점이다. 우리가 스스로를 이 지점으로 고양시킬 때 **우리는 자기 자신으로부터 벗어난다**.

(우리 **자신**이 무한자의 재반사Wiederschein이다.)

지적 직관을 통해 우리는 **의식**과 **무한자**에 대해서는 추상할 수 없다는 것을 알게 되었다ㅣ. 의식과 무한자는 따라서 우리로 하여금 초월적 관점을 실험할 수 있게 해주는 두 요소이다. 이때의 실험들을 **초월적 실험들**이라고 부를 수 있겠는데 왜냐하면 이 실험들은 그러한 점에서만 가능하며 그 경향상 완전히 종합적이기 때문이다.

우리가 실험하는 요소들은 따라서 다음과 같다:

의식   실재성   무한자.

의식은 흡사 +a-a…처럼 생성하고 소멸하는 0(零)과 같다.

무한자는 모든 면에서 무한 제곱된 1(壹)이다. 이 요소들이 실질적인 (wirklich) 요소들이라면 하나의 요소로부터 다른 요소들로 이행할 수 있어야만 한다.

무한자가 무한히 유한화 할 때, 무한자로부터 의식이 출현한다. 그리고 자아와 비아의 의식에ㅣ 또한 양자의 통일에 이르렀을 때 무한자는 출현한다. 어떤 것을 다른 것에다가 적용하는(übertragen) 것이야말로 이 두 가지의 제일(ersten) 개념들로부터 새로운 개념을 얻어내려는 최초의 (ersten) 시도이다. 따라서 우리가 무한자를 끌어와서 그것을 의식할 때 우리는 하나의 새로운 개념, 즉 **무한한 의식** 또는 **사유**(Denken) 개념을 얻는다. 우리가 그러나 의식을 무한자에게로 가져가서 그에 대해 의식을 한다고 할 때, 그러므로 이는 **의식된 무한자**일터인데, 이것이 바로 **신성** 의 개념이다.

이제 이 새로운 개념들을 첫 번째 **중간개념[매개념]**(ersten Mittelbegriff) 인 **실재성**과 결합시킨다면, 즉 1)**사유**[25]와 **실재성**을 근본 요소인 의식의 조건하에서 결합시키게 된다면 우리는 **의식을 지닌 실재적인 사유**, 다시 말해(oder) **지(Wissen)**를 얻는다. 2)**신성**을 실재성과 결합시키고, **무한자** 에 의거하여(durch) 이 결합을 중심으로 삼게 되면 우리는 **무한성을 지닌 실재적인 신성**, ㅣ 혹은 그것과 같은 것, 즉 **자연**[26]을 얻는다. 이 개념을 한 문장으로 표현하면 이러할 것이다: **신성을 실현하는 것이 자연의 무한한 과제이다.**
그 결합으로부터 분명해진 것은 **우리는 신성이외에 어떤 다른 것을 생**

---

25)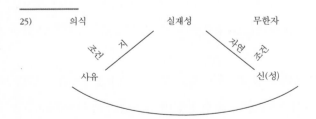

26) 자연은 흡사 현실화된(wirklich gewordene) 정신과 같다.

각(사유)할 수가 없다는 것이다. **신성의 사유로부터는** 더 이상 어떠한 개념도 도출될 수 없다. 이를 한 마디로 표현하자면 **예언** 말고는 더 이상 어울리는 말이 없다.

개념들의 결합에서 도출된 것을 더 살펴보면 **우리가 알 수 있는 것은 자연 말고는 아무 것도 없다는** 것이다. **모든 학문은 따라서 자연학이며, 또한 자연학은 무형의(unsichtbar) 예언에서 시작하여 그것으로 끝난다.**

예언 개념은 다른 두 개념과도 관계가 있다. 즉 **의식과 자연**을 서로 결합시킬 때 **지를 중심으로 삼는다면** 우리는 **반성** 개념을 얻는다. 나아가 l **지를 무한자와** 결합시킬 때 **자연을 중심으로 삼는다면**(즉 자연이 그 조건인 곳 혹은 자연을 통해서만 가능한 것) 우리는 **사변** 개념을 얻는다.

반성과 사변은 서로 대립적이며 양자 사이에 중심으로서, 또한 자연학의 처음과 끝으로서 예언이 자리한다.

우리가 중심을 포기해야 한다면, 또한 어느 한편만을 지지해야 한다면 우리는 **반성**의 관점을, 아니면 다른 측면인 사변의 관점을 받아들이게 될 것이며, 따라서 **피히테적인 체계** 아니면 **스피노자적인 체계**를 받아들이게 될 것이다.

새로운 개념을 얻으려면 우리는 여기서 방법으로 되돌아가야만 한다. 첫 번째 방법은 분석이었다(현상Phänomen을 그것의 요소들로 분해하는 것). 따라서 우리는 두 가지 현상들, 즉 **의식과 무한자도** l 그것의 요소들로 분해해야만 한다.

널리 알려진 무한자의 요소는 **무규정자**이며, 이와의 대립을 통해 2번째 요소인 **규정자**가 생긴다. **무한자**는 따라서 무규정자와 규정자로부터 생긴다. 무규정자는 자기 자신으로부터 출발하여 스스로를 규정한다. 이것이 바로 **무한자에 대한** 하나의 **정의**(Definition)[27]이다. 우리는 무한자를 정의하지 않을 수 없는데, 그 이유는 그것[무한자]이 **긍정적인 것**(das Positive)이기 때문이다. 정의는 발생학적(genetisch)이다.

의식은 부정적인 것이어서, 연역될 수밖에 없다. 의식의 요소들은 **자아**와 **비아**이다.

연역[28]: 규정자는 계속해서 더욱 스스로를 규정한다. 무규정자를 목표로, 무규정자가 될 때까지 스스로를 규정한다; 즉 다른 말로 하자면 **의식은 인간의 사려, 즉 오성이 최정상에 이르기까지의 유기체의 역사이다.**

우리는 실재성을 **정의**해야 하는 것인가 아니면 **연역**해야 하는 것인가? 우리는 그것을 정의할 수도 연역할 수도 없으니 매개재중간재를 찾아야 [만] 한다. | 이 매개자를 **기준**이라고 부를 수 있겠다. 그 매개자는 어떤 기준이 존재하지 않는 것에 대해서는 정의하고 어떤 기준에 의거하여 존립하는 것에 대해서는 연역을 하거나 혹은 그 기준으로부터 연역되는 것을 제시(Angabe)하는 데 있다. 실재적인 개념을 얻기 위해서 우리는 이제 의식 요소를 무한자 요소와 결합시켜야만 한다, 다시 말해 한편의 긍정적 요소를 다른 한편의 부정적 요소와 결합시켜야 한다. 즉 **무규정자**를 **비아**와 **규정자**를 자아와 결합시켜야 한다. 이로부터 실재적인 것은 자연에서 자유로운 것과 인간에서 필연적인 것임이 밝혀진다(즉 인간에서 필연적인 것은 인간에서 **항상적인 것**das Beharrliche이며, 자연에서 자유로운 것은 자연에서 **생동하는 것**das Lebendige이다). 이는 독단론과 정면으로 배치된다.

---

27) 정의(Definition) 안에는 원리들의 이념이 들어 있다.
28) 연역(Dedukzion) 안에는 **이념들의 원리**가 들어 있다.

지는 **이론**과 **경험**으로 이루어져 있다. **이론**은 순전히 **이념**과 관계한다. 여기에는 **원리들**이 결여되어 있다, 하지만 이론은 **원리**(einem Prinzip)에 따라서 다루어지지 않으면 안 된다. **경험**은 **원리**와 관계한다. 여기에는 이념이 결여되어 있다. 그렇지만 경험이 실재적인 경험이려면 **이념**(einer Idee)에 따라서 다루어지지 않으면 안 된다.

초월적 실험을 통해 이론에 관해 우리가 얻은 결과는 이러하다: **제일의 근원적인 개념은 의식과 | 무한자이다** ─ 이는 **선험적인**(a priori) 개념들[29]이다. 이 두 가지로부터 모든 것이 연역되어야만 한다. 이 두 개념의 결합은 다음과 같은 명제로 표현할 수 있겠다: **긍정적인 것과 부정적인 것은 동일한 것**(eins)**이다.** 이것은 **동일성 명제[동일률]**이며, 우리는 이를 **최종적인 진리**라고 부른다.

이 명제[동일률]는 매우 무규정적으로[불분명하게] 표현되는데, 그 이유는 이 명제가 여러 가지를 의미하기 때문이다. 즉 ─ '**우리는 두 개념을 결합해야 한다**'는 것을 의미한다(그래서 그것[동일률]은 규칙이 된다); 그 다음으로 '**그것들은 결합되어 있다**'는 것을 의미하며, 그래서 모든 분열은 상대적이며, 기만이다; **그것들은 결합하지 않으면 안 되며, 그 결합을 완성하지 않으면 안 된다. 이것이 관념론의 내용이다.**

(독단론에서 제일 개념은 **양**과 **질**이며, 최고의 원칙Grundsatz은 **인과성**이다. 반면 관념론에서 제일 개념은 **의식**과 **무한자**이며 최고의 **원칙은 동일률이다.**)

중간항인 **실재성**에서 **최소한은 반성**(의식과 무한자의 | 공동작용)이

---

29) 이것들은 이론과 관계하는 이념들이다.
경험은 이원론으로부터 출발하지만 그 최종결과(목표하는 결과EndResultat)는 동일성이다.

다. **반성은** [의식과 무한자로 나누어 보았을 때의: 역자] **의식과는 달리 실질적인(wirklich) 의식이다.** 반면 **전자의 의식은 형식일 뿐이다.**

실재성의 **최대한은 우주**이다. 무한자는 형식일 뿐이다. 실재성에는 의식을 지녀야만 도달가능하다. 우리가 4가지 개념들로부터 추상(사상)한다면 새로운 중간항 – 오성(고대인들이 표현했던 방식으로는 누스νους)을 얻는다.

오성은 무한한 의식, 의식된 무한자, 반성된 우주, 우주적 반성이다.

철학은 **인간 인식의 한계에 관한 학**(Lehre)이라고 부를 수 있다. **동일성 명제[동일률]**는 **최종 진리**이며 **무한자와 의식은 제일 개념들**이다.

제일 개념들로부터 모든 **이론**은 출발하며 **최종 진리**와 더불어 모든 **경험**은 끝을 맺는다. 이론은 이념을 다루는 것(Behandlung)이며 | 서술[현시하는 것(Darstellung)이다. 이론은 두 개의 개념을 지니며(그 개념들을 기본이념들이라고 부를 수 있겠다), 이 개념들로부터 이론은 모든 것을 도출한다.

그 두 개념이 이념들의 원리이며 최종 진리는 원리들의 이념이다.

모든 경험은 원리들과 관계하며 통상 그것이 결여하고 있는 것은 **지도이념**(leitende Idee)이다. 동일성의 원칙은 길잡이별(Leitstern '지도이념'의 비유: 역자)일 수 있는데, 왜냐하면 그 원칙은 모든 경험론자들에게 자신들의 탐구 결과가 무엇인지를 일러주기 때문이다.

이로부터 철학과 관련해서는 다음과 같은 결과가 나온다;

철학은 모든 개념이 초험적(transcendent)이고, 모든 명제들이 동일적이라면 완성된다(그러나 이는 철학의 이상일 뿐 결코 성취할 수는 없다).

초험적이라 함은, 저 개념들을 파악하기 위해서는 자기 자신 뿐만 아니라 일체의 경험(Erfahrung)으로부터도 벗어나야하기 때문이다. **무한자 개념은 초험적이다.**

무한자는 **무규정자**와 **규정자**의 요소들로 이루어진다. **무규정자**는 자기 자신으로부터 출발해서 스스로를 규정한다. **그것은 스스로를 규정하는 경향을 지니고 있다. 규정자**는 무규정자와 배치되ㅣ는 것으로서 무규정자와 배치되는 경향을 아울러 지니지 않을 수 없다, 따라서: **규정자는 무규정자로 귀환하려는 경향을 지니고 있다.** 이러한 경향성은 규정자의 규정가능성을 통해서 드러날 뿐이다. 이 규정가능성조차 다시금 무규정적이지 않으면 안 되는데, 규정자는 무규정자로 귀환하려는 경향을, 따라서 무규정자로 스스로를 규정하려는 경향을 지니기 때문이다. **모든 규정자의 특성은 따라서 무규정적 규정가능성이다.** 규정자의 이런 경향, 즉 스스로를 계속해서 더욱 규정하여 무규정자로 귀환하려는 경향으로부터 **자기규정이, 즉 의식의 본질**이 출현한다.

유한자의 실재성이 기만임이 입증되었다고 할 때 그 반대(Gegentheil)의 주관적 조건에 대한 의문이 제기된다. 인간이 자신의 근원적 상태를 변화시키려면 없애야 할 것은 무엇인가?

우리는 철학이외에는 어떠한 **건전한 오성**(=상식gesund Verstand)도 인정할 수가 없다. 통상 건전한 오성[상식]은 순전히 유한자와, 그래서 기만과, 오류와, ㅣ 모든 선입견의 선입견과 관계한다고 이야기 되어왔다. 이러한 오성은 따라서 건전한 것이 아니라 속속들이 병들고 손상된 것이다. 그것은 철학과는 전혀 부합할 수가 없다. 그것은 철학과는 어떠한 접점도 없다. 건전한 오성이라는 표현들이 가리키는 것은 기껏해야 시대정신의 평범한 단면에 불과하다. 게다가 이 정신을 나라별로 혹은 시대별로 비교해보면, 그것은 빈번히 모순에 직면한다. 건전한 이성이라는 표현이 어떻게 있을 수 있겠는가? 건전한 오성은 오류로부터 출발하며 따라서 건전하지 않고 병들고 손상된 것임은 의식의 역사에서도 증명가능하다.

그러나 인간의 감각(Sinn)은 건전해질 수 있다. 그러나 오성의 길에서가 아니라 다른 길에서 그러하다. 즉 예술의 길에서 가능하다. 감각의 최고의 활동(능력표출, Kraftäußerung)은 예술이며, **관념론과 예술은 완벽하게 일치한다.** ㅣ 최종적인 원칙으로 수립된 두 개념을, 즉 무한자를 깨닫지 못하거나 의식을 무한자에게로 끊임없이 이어가지 않고서는 예술작품을 만들어내는 것이 불가능하다(독단론에 따르면 예술가는 결코 자신만의 고유한 가치를 보여주는 수준까지 도달할 수가 없다).

이로써 그 자체로 완결적인 서론을 마무리하고 체계 자체를 제시하는 논의로 옮겨가도록 하자. 그러나 우리는 서론에서 말한 방법에 의하여 반성 철학과 사변 철학을 결합시켜야만 하므로, 그런데 **피히테**와 **스피노자**가 이 두 철학체계를 수립하였기 때문에, 이 두 철학자에 관해 미리 말해두지 않을 수 없는 몇 가지가 아직 남아있다. 우리의 연구에 의해 우리는 어느 한편의 입장에 서게 될 것이다. 그러나 양자 사이에는 그와 같은 [서론에서 살펴본 바와 같은] 균제(Symmetrie)[30]와 평형(Parallelismus)이 ㅣ 존재하기 때문에 우리는 빈번히(oft) 양자를 통합(zusammennehmen)할 수가 있는 것이다. 균제 자체는 외관상으로도 중요하다.

매우 독자적이고 독창적인 두 사람에게도 선행자는 있었다. **피히테**에

---

30) 두 철학자의 균제는 천재의 균제이며 양자의 독자성을 방해하지 않는다.

게는 **칸트**가, **스피노자**에게는 **데카르트**가 그러했다.

그들의 체계에서 순수하게 이론적인 것, 따라서 타당한 것, 즉 그 정신에 담겨 있는 것은 대략 다음과 같은 문장들로 표현할 수 있겠다:

피히테 체계의 정신은 이러하다: 객관(Objekt)은 창조적 상상력의 산물이며 의식 안에 있는 모든 것은 여러 품격들(Dignitäten)에서의 무의식적 반성이다.

스피노자 체계의 정신은 **무한자와 그의 양 측면, 즉 무한자의 속성(Attribut)과 양태, 다시 말해 연장과 사유의 학설에** 들어 있다.

그들의 체계에서 개별적이고 주관적인 것, 혹은 문자(Buchstabe), 그렇지만 아마도 가장 총명한 문자는, 짧고 체계의 본질에 속하지는 않는 것이지만 | **스피노자의 사랑에 대한 견해에, 피히테의 독자성에 대한 견해**에 들어있다.

양자는 체계의 정신으로부터 출현하여 가장 정확하게 그것[체계의 정신]과 결합된다. 어떤 체계에서 사랑보다 우위에 있는 그 무엇이 있겠는가, 그리고 **사랑** 말고 어디에 인간의 최고 상태인 **평온**이 있겠는가?

활동성이 최고의 것인 체계에서라면 **독자성**(Selbstständigkeit)보다 우위에 있는 것이 무엇이 있겠는가? 독자성은 피히테의 견해에 따르면 자기규정의 정도에 달려 있다. **인간은 자기가 자기 자신을 규정해가는 존재일 뿐이다.**

철학사에 자료를 제공한 이는 고대인들 중에는 **플라톤**과 **아리스토텔레스**, 근대인들 중에는 스피노자와 피히테[31]뿐이다. **플라톤**은 **헤라클레**

---

31) 스피노자와 피히테의 중간에 라이프니츠가 있는데 그래서 그는 마치 양자를 스쳐지나가는 것 같다. 주지하다시피 (대립의 종합인) 그의 방법과 같은 철학사도 존재한다.

이토스를 **파르메니데스**와 통일시키고자 했다. 우리가 이 체계들에 대해 위에서 이미 말했던 바와 같이, 헤라클레이토스는 이원론을 따랐으며 파르메니데스는 실재론을 따랐다. 그렇지만 플라톤은 실재론을 선호하였다. I 실천적인 면에서 그는 소크라테스적 체계를 피타고라스에 접목시키고자 했다.

철학은 다른 철학과 연결될 수 있지만 전적으로 독창적(originell)일 수 있다. 예컨대 플라톤의 경우처럼 말이다.

스피노자와 피히테의 저술에 관하여

윤리학은 매우 판명하고 명석하게 쓰였다. 윤리학은 그가 죽은 후에야 비로소 그의 친구들 중 한 사람에 의해 출간되었으나 그는 그것을 죽기 몇 년 전에 이미 완성해 놓은 상태였다. 그밖에 그의 다른 저술들 중 언급할만한 유일한 것은 이것이다: **방법과 오성의 개선에 대하여**, 이 저술은 비록 미완성이긴 하지만 준비가 잘된 저술이다.

1번째 책인 **윤리학**에서 본질적인 것은 이미 완성되어 있었다. 네 권의 말년 저작들은 의식의 역사와 같은 것으로 볼 수 있겠다. 그의 체계에 의하면 본문(Materie)에서 출발하고, I 뒤에서야 비로소 서론이, 즉 바로 의식의 역사가 따라 나오는 것이 당연하다. **그의 체계는 무한자의 지이다.** 서론은 개별적인 것, 주체적인 것, 다시 말해 **신성의 사랑**을 포함하고 있다.

서론의 끝

앞으로의 체계의 전개

우리의 철학체계는 스피노자와 피히테 공통의 체계여야 한다. 따라서 우리가 취할 수 있는 것은 양자 사이의 중간뿐이다.

철학의 두 요소는 **의식**과 **무한자**이며 양자의 중간에는 **실재성**이 자리한다. **반성**의 체계(피히테)는 의식과 관계한다. 사변의 체계(스피노자)는 무한자와 관계한다. 우리의 체계는 중간, 즉 **실재성**과 관계하지 않으면 안 된다.

우리는 서론에서 무한자를 정의하였으며, ǀ 의식에 대해서는 연역을 하였다. 중간, 즉 **실재성**도 정의와 연역의 중간을 통해서만 규정 가능할 것이다. 이것이 하나의 **기준**이다 – 기준이 없는 것에 대해서는 정의를, 그로부터 기준이 구성될 수 있는 것에 대해서는 연역을 하는 것.

우리의 체계는 이제 **실재성**에서 출발한다.

실재적인 개념을 얻기 위하여 우리는 실재성을 무한자와 의식의 두 요소와, 즉 한편의 긍정적인 것을 다른 한편의 부정적인 것과 결합시킨바 있으며 그 결과로 **무규정자는 비아와 동일하며, 규정자는 자아와 같은 것**, 다시 말해 **실재적인 것은 자연의 자유와 인간의 필연성이라는 것**을 얻었다. 이 두 명제로부터 이제 우리 체계의 전개를 지속시켜 나가보자.

이상(以上)을 통해 우리는 **두 개의 장**(Abschnitt)을 얻는다. 1장은 첫 번째 명제와 관련된다. 즉: ǀ **실재적인 것은 자연의 자유이다.** 2장은 두 번째

명제와 관련된다: **실재적인 것은 인간의 필연성이다.** 따라서

I 장.
자연의 이론[이하 '자연론']에 대하여*

II 장.
인간의 이론[이하 '인간론']에 대하여

각 장은 다시 세 부분으로 구성되는데, 다시 말해 우리의 방법은 실험이기 때문에 당연히 다음과 같은 점들을 살펴보아야 하겠다.

1) **긍정적 요소**

2) **부정적 요소**

3) 양 요소의 **결합** 혹은 공통적 **중심.**

자연론에서 우리는 부정적 요소를 출발점으로 삼는데, 이로부터 긍정적인 요소로 흘러가게 될 것이기 때문이다.

자연론에서는 다음과 같은 점에서 반성과 사변의 두 가지 철학을 다룰 것이다. 다시 말해 **반성 철학**의 두 가지 결과를 다룰 것이다. 즉 **모든 의식은 무의식적(bewußtlos) 반성이라는 점과 객관(das Objekt)은 창조적 상상력의 산물이라는 점**을 다룰 것인데, 이는 우리의 상식(gemeinen Erkenntniß)속에 자리한 **질료의** 망상(Fantom=Phantom)으로부터 우리를 자유롭게 할 것이다.

---

*그러나 '자연론'이라는 표현은 이 페이지에서만 쓰이고, 나머지 부분에서는 '세계론'이라고 씌어 있다.

사변의 두 가지 결과란 **유한자는 무한자의 양태일 뿐이라는 것** - 또한 **무한자는 두 가지의 속성 즉 사유와 연장을 지닌다는 것** - 인데 이는 우리로 하여금 형식을 새롭게 조명하게 해 줄 것이며 **형식**에다가 보다 높은 규정, 즉 **모든 형식은 무한하며 무한자의 압인(Abdruck)이자 형상(Bildung)**이라는 규정을 부여한다. 이는 자연 유기체라는 높은 견지로 가는 길을 터줄 것이다. 그 **중간 개념**(매개념)[32]은 **에너지**(Energie) 개념으로 나타나서 **오성**의 개념이나 다음과 같은 결과, 즉 | **모든 존재(Wesen)는 각자가 지니는 의미(Sinn)만큼의 힘(Kraft)을 지닌다는 것, 또한 세계에는 생동하는 것(das Lebendige)이외에 실재적인 것은 아무 것도 없다는 것**이라는 결과 속에 용해된다.

2번째의 **실재성** 명제, 즉 실재적인 것은 **인간의 필연성**이다로부터 **인간론**이 생긴다. 말하자면 그 이론은 인간 전체와 관련된 것이기 때문에 **정신론**이 아니라 **인간론**이다. 인간론은 세계론처럼 **부정적인 것**에서 출발하는 게 아니라 **종합**에서 출발하는 것이 최선이다. 인간론에서 **긍정적인 것은 가족; 부정적인 것은 공화국(Republik), 그 종합은 위계***(hierarchie)일 것이다.

그래서 우리는 두 가지의 도식적인 분할과 관련하여 계속 더 전개시켜야만 하는 개념들을 지니게 되었다. 즉 세계론에서는 **질료, 형식, 에너지**가, 인간론에서는 **가족, 공화국, 위계**가 바로 그 개념들이다. |

모든 기초는 **서론**에서 다져놓았다.

---

32) 즉 질료와 형식의 중간 개념[매개념]

*그러나 막상 2부 인간론 본문에서는 긍정적인 것은 가족, 부정적인 것은 위계, 그 종합은 공화국으로 되어 있다.

우리는 오성의 역사를, 그리고 지와 인식의 한계들을 발견한 바 있다. 그 한계점들은 의식개념과 **무한자** 개념이며, 또한 **절대적 동일률**이다. 우리의 방법에 따라 우리는 두 요소들 사이의 중간에 놓인 것, 즉 의식과 무한자 사이에 놓인 **실재성**을 추구한다. 따라서 우리는 이것[실재성]을 다루어야만 한다. 우리가 발견한 것은 **무규정자가 비아 속에, 규정자가 자아 속에 실재한다**는 것이다. 그로부터 우리에게는 세계와 인간이 생겨났다. 세계는 우리 밖의 모든 무규정자를 가리키며, 규정자는 인간이다. 우리는 그래서 인간을 그의 전체적인 충일함(ganzen Fülle)에서 파악한다.

세계는 당연히 두 가지 요소, 즉 부정적인 요소와 긍정적인 요소로 이루어져 있다. 모든 비아에는 두 가지 요소, 즉 **질료와 형식**이 있다. 우리가 이제 질료와 형식의 본성(Natur)를 설명한다면 이는 곧 세계의 본성을 설명하는 것이다. |

세계와 함께 **이원론**과 **실재론**이 다루어져야 한다. 이 체계들은 순수하게 이론적이며, 또한 모든 실천적인 것에 대해, 따라서 인간에 대해 추상한다. 이원론에 의하면 요소들 이외에 실재적인 것은 아무 것도 없으며, 또한 실재론에 의하면 실체, 즉 통일(Einheit)과 항상성(Beharrlichkeit)이외에 실재적인 것은 아무 것도 없다.

요소들의 특성은 이원성과 가변성이며 실체의 특성은 동일성과 항상성이다. 양자의 입장들은 관념론에서 통일되어야 한다. 우리는 따라서 그 개념들을 결합시켜야만 한다. 이제 **실체와 이원성**을 결합시킨다고 할 때, 실체는 단적으로 **일자**이어야 하므로, **실체 그 자체가 가변성을 통해 이원성을 지닌다는 것, 따라서 실체는 하나의 실체로 남아 있다는 것** 이외에 다른 것은 가능하지 않다. 그래서 우리는 **개체**의 개념을 얻는데, 이는 가장 중요한 개념 중의 하나이다. 우리는 여기서 l **실체**와 **개체성**을 얻는다. 실체는 긍정적 요소이며 개체성은 부정적 요소이다. 이 개념들 즉 실체와 개체성은 무한자의 요소들인 무규정자 및 규정자와 전적으로 동일한 중요성을 지닌다.

우리가 이제 이 개념들, 즉 실체와 개체성을 새롭게 결합시키면, **형식**을 얻는다. **형식은 따라서 개체들 안에 들어 있는 실체적인 것이다.**

이제 다른 한편으로 요소들을 **동일성, 항상성**과 결합시키면 **카오스**라고 부를 수 있는 하나의 개념을 얻는다. 여기서 요소들의 지양을 생각해 보면 지양이란 자기를 중화(中和, neutralisiren)하는 것, 즉 뒤섞이는 것이다. 이제 다시 **카오스**와 요소들을 결합시키면 그로부터 질료가 발생한다. **질료는 요소들의 카오스이다.**

그렇게 해서 우리는 세계의 양 요소들, 즉 **질료**와 **형식**을 도출하였다. 이제 우리는 우리의 l 최종 원칙에, 즉 질료와 형식 자체간의 구별을 지양하도록 모색 · 제시하여 **긍정적인 것과 부정적인 것**은 하나이며, 그 구별은 단지 상대적이라는 것에 부합해야만 한다.

따라서 우리의 세계론은 **정**(Thesis), **반**(Antithesis), **합**(Synthesis)으로 구성된다. 정은 **질료**와, 반은 형식과, 합은 양자의 통일과 관계한다. 우리는 이제 양자의 통일을 나타내는 개념을 찾아야만 한다. 질료와 형식을 실재성과 관계시켜야만 한다. 그렇게 해서 우리는 **그 자체로 형식을 부여하는 질료와 스스로 질료를 만들어내는 형식**을 얻는데 − 바로 이것이 **유기체**이다. 그러나 우리는 우선 **에너지**에 대해 이야기하도록 한다. 왜냐하면 에너지는 생동하는 내적인 힘을 의미하며, 또한 유기 조직화의 원리이기 때문이다. 따라서 에너지는 중간개념[매개념], 즉 질료와 형식의 종합이다.

우리가 지금 다룬 우리의 두 체계 부분들은 서론에서 가장 중요한 부분들을 지속·전개시킨 것이다.

서론에서 가장 중요한 부분들은 다음과 같다.

1) 2번째 문제를 해결하기 위한 결합의 시도, 즉 철학의 내용을 규정하는 것.

2) 인간의 지와 인식의 한계를 표현, 혹은 제시.

3) 철학의 주관적 조건들, 즉 숭고감, 이상을 향한 노력 및 무한자에 대한 동경.

4) 이상(以上)으로부터 철학 그 자체의 구조(Konstituzion)가 드러남.

이어지는 것은

5) 의식의 성격규정.

6) 관념론 비판.

7) 학문의 백과사전.

8) 철학적 방법의 구성(Konstrukzion).

이 여덟 가지 각론들 중에서 다음과 같은 내용과 형식을 포함하는ㅣ두 가지가 두드러진다. 양자는 무한자 안에서 지속가능한 것이다. 첫 번째와 마지막 것이 그것이다, 즉 **결합의 시도**, 그리고 방법의 구성이다.

우리는 우선 타당하지 않은 것을 받아들이지 않기 위하여 일체의 방법을 추상하였다. 우리는 시도를 하고자 할 뿐이었으며, 또한 거기서 **실험**이 생겨났다.

방법 자체는 철학적 형식의 부정적인 것으로 간주되어야 할 뿐이다. 이런 연후에야 우리는 긍정적인 것(체계)과 종합(삼단논법)을 비로소 알게 된다.,

우리가 만든 세 가지 철학적 작업(Operazion)들은 **분석, 추상** 그리고 **종합**이었다. 분석으로부터 철학의 하위 작업인 정의와 연역이 발생한다. 그로부터 우리는 개념들을 **증명**하고 명제들을 **설명**함을 알게 되었다. 이 네 가지 개념들은, 즉 정의, 연역, 증명, 설명은 이제 방법으로써 나타난다. | 우리의 두 체계적인 장들은 이제 **결합의 시도**와 **질료의 구성**으로 나타나야 한다. 우리는 시도들을 계속해 나가야만 한다.

두 체계적인 부분들의 경계는 이와 같을 것이다. **테제가 질료를 의식 안으로 용해하는 것이면 안티테제는 모든 형식은 무한하다는 것, 모든 형식은 유기적이라는 것, 무기적인 것은 아무 것도 없다는 것**을 증명하는 것이 될 것이다. 또한 **진테제**를 통해서 **모든 에너지는 오성**이며 모든 존재(Wesen)는 각자가 지니는 의미(Sinn)만큼의 힘을 지닌다는 것이 증명될 것이다.

그것과 더불어 두 부분들은 종결되며, 이후 발생하는 것은 "**조망(Die Aussicht)**"이라는 새로운 장에서 다룬다. 요컨대 그로부터 두 가지 결과가 분명해진다. 바로 **종교의 요소들**이다. 종교의 요소는 |

1) **하나의 세계만이 존재한다는 것**. 따라서 무한자로 귀환하는 것 이외에는 어떤 다른 방도가 없다는 것이다.

2) **형성(Bildung)만이 실재성을 지니며** 따라서 힘들의 유희(Spiel, 작용)가 실재성을 지니는 것이 아니라는 것. **죽음 속에만 참된 삶이 있다는 것.**

이 명제들이 종교의 요소들이라는 것은 중간 개념(중보자 개념

Mittelbegriff)이 모든 실증 종교(positiven Religion)의 핵심을 형성한다는 사실로부터 이미 알 수 있는 것이다. 이는 희생(Opfer)의 개념이다. 요컨대 희생이야말로 절대적 통일성으로의 귀환의, 또한 그의 대립 속에서 해소되는 그러한 삶의 확장의 목적이다.

두 체계적 부분들의 경계는 따라서 종교의 두 관점이다.

제1부

세계론

세계는 **무규정자와 비아**로부터 나온다.

세계의 개념은 우리가 **우리 밖의 사물**들이라고 말하는 것과는 전혀 다른 것이다. 우리 밖의 사물은 없다. ┃ 그래서 우리 밖의 사물을 인정한다면, 우리 밖에는 어떠한 객관적 세계도 존재하지 않는다. 그러나 그것은 전혀 문젯거리가 아니다. 우리가 우리 밖의 객관적 세계에 관해 말을 할 때 이는 반성 철학과 상충되지 않는다. 차이는 [우리 밖의 객관적 세계의] 인정(Annahme) 그 자체에 있는 것이 아니라 인정 방식에 있다. 객관 세계는 정신적 본질(Wesen)의 결과와 다른 것이 아니다.

우리 밖의 세계의 **요소들**은 **질료와 형식**이다. 우리는 **어떤 질료와 형식이 실재성을 지니는가**를 다룬다.

형식은 **통일**의 원리이며, 또한 통일은 형식의 특성이다. 그렇다면 통일의 근거는 어디에 있는가?

실재적인 통일은 단적으로 오로지 실체 안에서 발견된다. **하나의** 실체만이 있을 뿐이다. **형식의 원천은 따라서 실체이다.** 그렇다면 **질료의 원천**은 무엇인가? **실체**의 대립자인 **요소들** 속에 있다. ┃ 실체의 형식은 **동일성**(항상성)이며, 요소들의 형식은 **이원성**(가변성)이다. 이제 실체를 이원성 및 가변성과 결합한다면 우리가 얻는 것은 - **개체**이다. **형식은 개**

체 안에 있는 실체적인 것이다.

다른 한편, 요소들을 **동일성**과 결합시킨다면, 결합시키려함에도 불구하고 두 요소들은 지양되지 않고 그대로 남아 있게 된다; 그래서 그것은 **중화**(Neutralisiren) 개념을 우리에게 알려주며, 또한 카오스로 이끈다. 따라서 우리가 질료의 정의에서 얻는 것이란 '**질료의 정의는 요소들의 카오스이다**'일 것이다.

질료를 가지고 우리는 출발을 하는데, 그 이유는 질료란 **부정적인 것**이며 또한 그로부터 긍정적인 것이 따라 나오기 때문이다.

질료의 정의로부터 이제 다음과 같은 정리가 나온다.

정리 I : 질료는 의식의 대상이 아니다. 이 I 명제는 **객관(대상Objekt)이란 창조적 상상력의 산물이라**는 뜻이다. 다시 말해 카오스의 특징은 내적으로 아무런 구별도 가능하지 않으며; 또한 구별이 되지 않는 것은 의식할 수 없다는 데 있다. 형식만이 경험적으로 의식된다. 우리가 질료라고 간주하는 것은 **형식이다. 질료는 무형식적이어야 한다.**

그렇다면 질료의 개념은 공허한 것이 아닌가? 왜냐하면 형식만이 의식되는 것이기 때문에? 그렇지 않다, 우리는 형식을 결코 완성할 수 없으며 형식의 모든 것을 변화시킬 수는 없다. 우리가 질료라고 간주하는 모든 것이 형식이라고 할 때, 그럼에도 불구하고 우리는 근원적인 질료를 전제한다. 질료는 형식의 조건이며, 또한 요소들의 카오스가 기왕에 존재하고 있지 않는 곳에서는 어떠한 형식도 있을 수가 없다.

통속철학에 따르면 질료는 소여되는 것이며 형식은 마음(Gemüth= Gemüt)에서 발생한다. 그러나 우리의 견해는 이와는 완전히 거꾸로다. 형식은 소여되는 것이며 질료는 우리 안에서 산출되는 것이다. II장인

간론] 참조. |

질료 혹은 요소들의 카오스를 물리학을 통해 설명하고자 할 때, 우리는 다음과 같은 것[문제]을 얻는다. 우리는 우주의 질료를 가지고 요소들의 카오스를 다루지 않을 수 없는데 – 우주의 어디에서 카오스와 같은 것을 찾을 것인가?

우리는 물리학으로부터 태양과 지구가 화학적 상호작용 속에서 존립한다는 것을 받아들인다. 그렇다면 태양과 지구의 두 요소들이 중화(中和)하는(neutralisiren) 지점은 도대체 어디인가? 이 무차별점은 어떤 천체에 아니면 어떤 다른 천체에 존재하는 것일 수는 없으며, 양자 사이의 중간에, 따라서 우리가 **에테르**라고 정립한 거기에 위치할 수밖에 없다. **따라서 에테르는 보편적인 세계영혼, 즉 자연의 생명이다. 중심적인 에테르가 바로 질료 그 자체이다.** 그로부터 질료는 비가시한 것임이 드러나는 것이다.

천체는 형식의 작업장(Werkstätte)이다. 거기서 형성(Bildung)이 일어난다. | 이제 어떤 질료도 무형식적이지 않은 반면 형식은 유기적이기 때문에 **어떤 질료도 무기적이지 않다.**

질료와 형식의 특성은 활동성과 이원성이며, 동일성의(identisch) 평온 속으로 스스로를 정립하려는 경향성을 지닌다. 어떤 하나의 활동성은 다른 하나의 활동성을 지양하려 한다. 우리가 카오스라고 한 우주에서 중화의 지점은 천체가 아니라 이것들[질료와 형식] 사이의, 이것들의 결과가 아니라 원천으로 보지 않을 수 없는, 자유로운 힘들이다.

중심적인 에테르는 편재한다. 형식은 소여된다[주어진다]. 그렇지만 마치 요소들은 그것[형식]을 위해서 저기에(da) 있지 않을 수 없다는 식은 아니다. 형식은 단적으로 개체에 소여된다. 만약 형식이 산출되는 것이라면 개체성은 사라져 버릴 것이며, 인식되는 것은 따라서 인식자의 변형(Modifikazion)에 불과하지 않을 수 없을 것이다. Ⅰ

정리 Ⅱ: **모든 형식은 무한하다.** 그 증명은 이미 형식(의) 연역 안에 들어있으며, 그[형식]의 원천은 바로 **실체**이다. 실체는 그러나 **하나이고, 영원하며, 무한하다.** 형식은 실체가 스스로를 개체화함으로써 생긴다. 개체는 따라서 형식의 표현이다. 개체의 고유한 특성은 자기 본질(존재 Wesen)의 무한한 분할가능성이며, 또한 바로 그것이 형식이다. 형식은 부분과 전체의 관계이다. 실체로서의 개체는 하나의 전체이며, 부분들은 이원성에서 발생한다. 개체는 **에너지**를 기반으로 해서만 사유가능하다(한계를 지니지 않는 내적인 활동성Wirksamkeit).

철학에 대한 물음과 그에 대한 모든 답변이 귀착하는 것, 그것은 바로 이러하다:

왜 무한자는 스스로로부터 벗어나서 스스로를 유한하게 만들었는가? – 다른 말로 하자면: **왜 개체들이 존재하는가?** 혹은: Ⅰ **왜 자연의 유희는 찰라도 쉬지 않고 이어져서 전혀 아무런 것도 실존하지 않게 하는가?** 이 질문에 대한 답변은 하나의 개념을 끼워 넣음으로써만 가능할 것이다. 즉 **하나의, 무한한 실체** – 그리고 **개체들.** 우리가 하나에서 다른 하나로의 이행을 설명하고자 할 때 우리는 양자 사이에 하나의 개념을, 다시 말해 **상**(像, Bild)의 개념 혹은 현시(Darstellung), 즉 **알레고리**(εἰκών, eikon)를 끼워 넣을 수 있다. 개체는 따라서 하나의 무한한 실체의 하나의 상(Bild)이다.[33]

---

33) 아테네움의 이념들을 참고하라. 예컨대 비가시적인 것 속에서 사는 성직자(Geistlicher)에게 가시적인 것이란 알레고리적 진리만을 지닐 뿐이다.

(이를 이렇게도 표현할 수 있겠다: 신은 자기 자신을 현시[드러내 보임]하기 위해 세계를 만들었다고.)

무한한 실체는 모든 형식의 원천으로 생각되지 않을 수 없으며; 따라서 무한한 실체는 의식으로, 즉 하나의 정신으로 생각되지 않을 수 없다. 알레고리의 개념을 통해 | **형식은 무한하다는 것**이 판명해진다. 개체들은 전체를 현시하기 위해 저기에(da) 존재한다. 개체는 따라서 무한자를 현시해야하기 때문에 무한하다.

[정리Ⅲ: 모든 에너지는 오성이다] 이제 에너지에 대해서 형식이나 질료와 마찬가지로 동일한 해명을 모색해야 한다. 에너지는 **자명화**(Selbstver-ständigung), **형식화**(Entformung)이다.

개체성의 개념은 **하나의, 무한한 실체**로부터 도출된다. 철학자들에게 무한자는 가장 용이한 것이며; 유한자는 커다란 수수께끼이다. 유한자로부터는 무한자로의 어떠한 이성적·오성적 이행도 있을 수 없다. 그러나 역으로 알레고리를 끼워 넣음을 통해서는 가능하다.

우주는 하나의 예술작품이며–하나의 동물이자–하나의 식물이다. |

알레고리(세계의 현존재에 대한 설명)로부터 모든 개체는 **그것이 지니는 의미**(Sinn), **의의**(Bedeutung)**와 정신**(Geist) **만큼의** 실재성을 지닌다는 것이 수반된다. 다른 한편 우리에게 카오스는 요소들과 동일성으로부터 나온 것이었다. **카오스**를 우리는 **에테르** 안에서만 정립할 수 있었다. 그리고 **우리가 에테르에 유기체와 의식을 부가할 수 있었던** 방법으로 우리를 이끌었다.

이제 이 명제들을 총괄적으로 파악해보면 다음과 같다. **우리와 대립하여 저기에 존재하는[현존재하는] 의식이 있다는 것. – 세계는 알레고리일**

뿐이라는 것, 그리고 **모든 존재(Wesen)는 그것이 지니는 의미, 의의와 정신만큼의 실재성을 지닌다는 것**; 그 결과로 **오성의 에너지 이외에 어떤 다른 에너지는 존재하지 않는다는 것**이 뒤따라 나온다. |

이로부터 다음과 같은 공리들이 나온다.

공리 I : 형성(Bildung)의 수준이 힘의 척도(정도程度, Maaß)이다. 알레고리는 물론 형성과 다른 것이 아니다. 그러나 형성이 저지되어도 개체들이 힘을 지니고 있는 것은 사실 아니냐는 반론이 가능하다. ─ 개체가 최고도에 이르렀음이 확정되기 전에는 그것[개체]의 힘의 정도(Maaß)를 우리는 확신할 수가 없다.

공리 II : 세계는 오로지 하나만 존재한다는 것. 의식적인 것과 무의식적인 것 모두는 상대적으로만, 다시 말해 전체에 비해서만 대립적이다. [양자의] 차이는 우리가 전체를 파악하지 못하는 한에서만 실존한다. 차이가 절대적이라고 보는 것이 통상적인(gemeine) 견해인데, 이 견해대로 하자면 하나인 이 세계에 가시적인 세계와 비가시적인 세계가, 즉 차안과 피안이 존재한다.

공리 III : 참된 삶은 죽음 안에만 있다. | 다시 말해 죽음이란 삶이 스스로를 중화(中和)할 때, 즉 대립을 스스로 지양했을 때 발생하는 것이다. 통상적인 삶(대립 속에 있는)은 따라서 참된 삶이 아니다. 참된 삶이 출현하면 통상적인 삶은 무화될 수밖에 없다. 여기서 우리는 새로운 학설 ─종교─의 요점들과 마주하게 된다. 그 요점들이란 하나의 세계만이 존재하며, 참된 삶은 죽음 안에만 있다는 것이다.

세계론의 개괄

세계론은 **질료론**과 **형식론**으로 이루어져 있다. 우리는 **질료는 의식의 대상이 전혀 아님**을 살펴본 바 있다.

질료는 부정적인 것이다. 그런데 부정적인 것은 긍정적인 것으로 귀환하려는 경향을 지닌다. 그 결과는 동화(Assimilazion)의 개념이며, ┃ 그것이 바로 핵심, 즉 모든 유기체의 혼이다.

우리는 두 번째로 **모든 형식은 무한하다**는 것을 살펴본 바 있다. 이렇게 말할 수도 있겠다. **모든 형식들은 조화를 이룬다**는 것, 즉 동일한 것이다. 모든 형식이 무한하다는 것은: 모든 형식은 동일한 것의 표현임을 의미한다. 내적으로 완전한 조화가 존재하며, 차이는 상대적이다. 우리는 따라서 다음과 같이 주장하였다. 근원적으로 정신과 육체는 하나이다. 하나의 근원적인 조화가 존재한다. **예정조화**보다는 **근원적인 조화**라고 하는 게 더 낫다.

에테르 개념과 **질량**(Masse) 개념은 대립적이다. 우리는 질량을 개체들의 복합체[결집]로 간주할 수밖에 없다. 각각의 개체는 자기 안에 다시금 개체들을 지니고 있다.

세 번째 개념은 통일성과 다수성(Vielheit) 사이의 중간개념인 **알레고리 개념**이었다. 다수성에는 ┃ 현시의 실재성만이 부여된다. 알레고리는 바로 유기적 존재(Wesen) 및 예술작품과 전적으로 부합한다. 이런 모방(Nachbildung)의 역사가 종교론이다.

질료론과 형식론의 가장 중요한 귀결들(Folgerungen) 중 하나는 **모든 운동은 본능(Instinct)[34]이라는 점**이다. 우리가 외적 운동이라고 부르는 것은 그보다 많은 내적인 운동의 결과일 뿐이다. – 가변성의 전 영역에서 우리는 사태의 본성을 오해하곤 하는데, 그 이유는 우리에게 생경한 것으로 나타나는, 그래서 전적인 개별자라고 간주하는 바로 그것은 사태의 일부일 뿐인 경우가 흔하기 때문이다. 개체의 전체만이 인과성을 지닌다.

사물들을 이해하는 것은 따라서 전체를 조망할 때만 가능하다. ǀ

자유는 그래서 실천의 요청(Postulat)이 아니라 이론의 결과이다. 자유는 내적인 인과성일 뿐이다. 자유는 자발성으로부터 나온다.

우리 이론으로부터의 또 다른 귀결은 공간과 시간에 대한 전혀 다른 견해이다.

우리는 다음과 같이 주장하지 않을 수 없다. 즉 실체는 하나(eins)뿐이라는 것, 실체 이외에 존재하는 것은 개체 말고는 없다는 것, 이원성이 있는 곳에 개체성이 있다는 것. 그래서 공간과 시간은 자기 자신을 산출하는 **하나의** 유기체가 낳은 최초의 개체라고 생각하지 않을 수 없다. – **시간**은 의식에, **공간**은 실체에 상응한다. 그것은 따라서 하나의 이원론이다.

여기서 우리는 재차 종교론의 한계와 마주서게 된다.

시간은 종교의 부정적 요소이며 공간은 긍정적인 요소이다. 종교철학은 시간을 악한 원리로 간주하지 않을 수 없다. ǀ

다른 결과는 이러하다:

---

34) 본능은 개체의 특수한 양상이며 그것을 통해 절대적 실체로 귀환하고자 노력한다.

즉 **세계는 여전히 미완성**이며, 세계는 모든 개체의 총괄로서 존재한다. 우리는 **무한자**의 순수 개념은 받아들이지 않더라도 최고의 개체 혹은 상대적 무한자 개념은 받아들인다. 개체는 끊임없는 생성이며 세계가 하나의 개체라고 하자마자 세계는 미완성인 것이다. **세계가 여전히 미완성**이라는 명제는 모든 것에 대해 각별히 중요하다. 우리가 세계를 완성된 것으로 생각한다면 우리의 모든 행위는 아무 것도 아닌 것[무無인 것]이다. 그러나 우리가 세계는 미완성임을 알 때, 우리의 사명(Bestimmung)은 필경 세계의 완성에 협력하는 것이 된다. 이를 통해 경험에는 무한한 활동의 여지가 주어진다. 세계가 완성된 것이라면 세계에 대한 지는 있을지언정 어떠한 행위도 존재하지 않을 것이다. |

종교에 관한 한, 우리는 이제 인간과 신들 사이의 최고의 관계를 얻는다. 세계가 완성된 것이라면 인간은 신들을 두려워하게 되거나 – 아니면 경멸하게 될 것이다. 그러나 세계는 미완성이기 때문에 인간은 신들의 조력자이다.

세계는 미완성이라는 명제로부터 다음과 같은 명제가 나온다: 세계는 하나의 개체이며; 공간과 시간은 유기적인 것을 생산한 최초의 개체들이다.

우리의 철학은 **열광**에 대해 무한한 장(場, Feld)을 열어 놓았으며, **회의**에 대해서도 다른 어떤 철학에서보다 훨씬 더 권리를 인정하고 있다. 회의에 대해서는 그것이 철학의 출발이라는 점에서, 체계적인 교의론(LehrVortrag)과 대립적이며 독단론과 경계를 짓는다는 점에서 더더욱 인정하는 것이다.

플라톤은 회의에 대해 매우 | 완벽하게 서술하였다. 그는 **그림[상(像)]들에 대해서는 그림차원에서만(nur bildlich) 말하도록 내버려두라**고 한다. 그러나 이제 모든 개체들은 그림들이다.

이 가르침을 독단론과 비교하기

우리의 세계론을 통해 독단론의 핵심이, 다시 말해 인과성의 원리가 반박되었다. 모든 운동은 개별적이며 **역동적(역학적dynamisch)**이다. 모든 운동은 본능이며, 본능은 개체의 특수한 양상이며 그것을 통해 절대적 실체로 귀환하고자 노력한다.

우리는 객관에 대해서 독단론과 다른 견해를 갖고 있다. 사물들을 이해하는 것은 전체를 조망할 때만 가능하다. 질료와 형식의 연역으로부터 결과들이 산출된다. 그것들은 완전히 동일한 결과에 대한 다양한 견해들일 뿐이다:

[1]] **하나의 세계만이 존재할 뿐이다**, 즉 | 정신과 육체에 대한 통상적인 견해는 전적으로 상대적이다. 세계는 모든 개체들의 총괄이지만 그 자체로 보면 개체이기도 하다.

2) **형성(Bildung)의 수준이 힘의 정도이다.** 모든 형성은 에너지이다.

3) **오성 말고는 어떠한 에너지도 없다.** 모든 힘은 의미, 정신 그리고 의의에서 출발하고 종결된다. 이 명제는 자연과 인간에도 해당된다; 그와 반대되는 것은 오류이다. 정제되지 않은 힘(die rohe Kraft)(표피적인 scheinbar 능력)은 따라서 오성보다 강할 수 없다.

체계 제1부에 의거하여 **질료가 산출된다**(질료는 창조적 상상력의 산물이다). **반면 형식은 소여된다**. 모든 형식에는 특수한 하나의 의미가 있다. 모든 형식은 따라서 소여된다.

질료와 형식론의 가장 중요한 결과는 | 이러하다:

1) **모든 현존재는 유기적이라는 것**. 따라서 인간에 관해서도 통상적인 견해와는 정면으로 대립한다.

그로부터 다음과 같은 것이 나온다.

2) **하나의 세계만이 존재할 뿐이라는 것**, 그리고

3) **세계는 여전히 미완성이라는 것**. 마지막의 이 명제는 우리 견해가 통상적인 견해와 상이함을 특히 판명하게 말해준다.

제2부

인간론

●●●

인간론은 세계론과 마찬가지로 실재성의 기준과 연관되어 있다. 다시 말해 이는 다음과 같은 것을 의미한다: **실재하는 것은 자연의 무규정자와 인간의 규정자이다.** 혹은 비아의 자유와 자아의 필연성이다. | 우리가 여기서 인간론에 대해 말을 할 때, 그것이 가리켜야 하는 것은 통상적으로 이 주제 하에 총괄되는 것, 다시 말해 어떤 사람이 반성을 시작하여 알고자 하는 모든 것이 아니라는 점을 말해둔다. 우리의 이론은 인간의 규정(사명, Bestimmung)[35])과 관계한다. 그리고 우리의 이론에 따라 인간에게 보편적인 규정[사명]이란 없다. 모든 인간은 자기 고유의 이상을 지니고 있으며; 또한 자신의 이상을 추구함으로써만 인간은 도덕적이게 되기 때문이다.

대립자 혹은 보편자가 형식적으로만 존재하는 것이라면, 인간을 도덕적 관점으로 이끄는 데 도움이 되지 않을 것이다.

인간의 규정은 전체적으로 지정되어야 할 것이며, 이 규정은 발견될 수 있을 것인데, 그 이유는 모든 개별자 역시 전체를 현시하기 때문이다.

---

35) 'Bestimmung'은 '규정'으로도 '사명'으로도 번역가능하다. 예컨대 신이 우리에게 '규정'을 부여한다면 우리 입장에서 그 규정은 신이 우리에게 부여한 '사명'이 될 것이기 때문이다. 여기서는 문맥상 명백하게 '사명'이라고 해야 하는 경우가 아닌 한, '규정'이라고 번역한다.(역자)

인간은 인간 사회(Gesellschaft)로써, 혹은 인간과 인간의 관계로써 고찰되어야 한다. | 인간론에 대한 일반적인 도식론(개요, Schematismus)은 이러하다: 모든 인간 사회는 **가족, 위계, 공화국**으로 환원가능하다.

일러두기(Vorerinnerung). 여기서 기대하는 것은 통상적인 자연법 이론이 아니다. **가족**과 **공화국 개념**은 법 개념으로부터 도출될 수 없으며, 그것들은 훨씬 높은 곳에 위치한다. 공화국 개념은 목적 그 자체인 어떤 것, 즉 인간의 규정이 그의 완성태에서 현시되는 어떤 것을 포함한다. 인간의 규정이 모든 이의 화합(Zusammenstimmung)에 기초한다면 말이다. 공화국은 인간의 규정으로부터, 또한 인간의 규정은 만인이 속한 사회와 공동체에서만 성취될 것이라는 사실로부터 도출된다. |

우리는 대체로 **자연법**이 과연 학문인가를 의심한다[36]. 자연법의 제일 원칙─법과 평등(Gleichheit)의 개념─은 학문적이지 [않으며], 선험적이다. 제일 원칙은 인간 사회의 개념으로부터 도출가능하며, 또한 인간 사회는 인간을 규정하는 과제를 통해 구성된다. 그러나 위 사실로부터는 어떠한 학문도 도출될 수 없다. 자연법을 학문으로 고양하고자 한다면 인간들 사이에서 발생가능한 모든 개별적 상황들을 알아야만 한다. 자연법은 실정법학(die positive Jurisprudenz)을 철학적으로 가공한 것 이상의 어떤 것이 결코 아니다. 그것은 체계적으로 이루어질 수가 없다.

우리의 개념 구성에서 우리는 경험을 철저하게 추상하였다. 이것은 가족, 공화국 등 세 가지 모두에게 해당된다. 왜냐하면 우리는 그 개념들을

---

36) 자연법은 차라리 이성법이라고 불러야 한다. 그 기초는 평등이다.

구성해야 하기 때문이다. | 그러나 다른 한편으로 예컨대 국가와 같은 이상적인 것을 수립하는 것 또한 우리의 의도가 아니다. 완전한 국가를 만들기 위해 규칙들(Regeln)을 부여하고자 한다면 우리는 실천의 영역으로 들어서게 되는데, 이는 공허하며 부적합한 것이다.

세 가지 개념 구성의 공통적 중심은 **인간 사회(Gesellschaft)**이며, 또한 **인간 사회는 인간의 규정을 특징짓는** 과제와 연결된다. 인간다운 인간의 조건과 결부된, 도덕이 출현하는 원천인, 인간의 고유한 특성을 규정하는 인간 사회와 이성성(Vernünftigkeit)를 통해서만 인간의 규정에 다다를 수 있기 때문이다.

그런데 인간의 본질은 그 규정 속에, 그리고 그 규정에 도달할 가능성 속에 존립한다. |

따라서 인간 사회의 근본개념을 파악한 사람은 인간을 전체로써 이해한 것이다. 그는 자신을 자신의 외적 상황과 관계에 따라 이해한다. 그의 이해는 객관적이며, 또한 그렇기 때문에 보편적이다.

인간의 내적 능력에 대한 이론은 주관적일 뿐이다; 그 이론은 말하자면 자기 자신에 대한 모색(Versuchen)의 표현이며, 또한 그렇기 때문에 그야말로 주관적이다. 본래적인 인간이해는 그러나 인간 상호간의 외적 관계를 바르게 이해하는데서 존립한다.

내적 능력에 관한 이론은 의식의 성격을 이론적으로 규정하도록 이끈다. 그 이론은 실천적으로 고찰하는 것도 가능하다. 그 이론의 목적이 일반적인 도식론을 통해 내적 교양을, 즉 힘을 그 가능성의 차원에서만 서술하려고 하는 것이라면 말이다. 그러나 이는 순전히 주관적일 뿐이다. 따라서 도식론은 여하간 장점이라고는 없다. 그 안에서 객관적인 것이란

좌우지간에 도식론이 발생한다는 사실 뿐이다. | 의식의 역사는 물론 필수적이지만 그것은 아직 인간에 대한 인식(Kenntniß)은 아니다. 왜냐하면 더 높은 차원의 유일한 힘이 분산되어 나타나기 때문이다. 인간을 전체로서 알기를 원하는 사람은 인간을 사회 안에서 고찰해야만 하는데 인간은 사회에서 자신의 온힘을 기울이기 때문이다.

이제 사회의 범주들을 알아보아야 한다.

사회의 개념에는 직접적으로 **공동체(Gemeinschaft)** 개념과 **자유개념**이 들어 있다.

사회는 다수성 안에서의 통일성이자 통일성 안에서의 다수성이다. 자유가 절대적인 것이라면 어떠한 공동체도 존재할 수 없으며 **그 역도 마찬가지다.**(et vice verca) 그래서 두 개념을 묶는 중간 개념을 찾아야 하며, 또한 그것이 가능하도록 해야 한다. 이성법의 기초인 **평등의 개념이** 바로 그것이다. | 여기서 평등이란 물리적 평등을 말하는 것이 아니라 **도덕적** 평등(Gleichheit)을 말한다.

인간을 규정하는 명제에서 나온 우리의 세 개념들로부터 '**인간은 인간들 중에서만 하나의 인간으로 존재할 수 있다는 사실**'이 뒤따라 나온다.

사회에 관한 저 범주들: 즉 **공동체, 자유와 평등**이 세 가지 사회 모두에 해당하는지, 아니면 각자 제각각인지? 여부는 중요한 질문이다.

이 질문에 대한 답은 정체(政體)를 조명하게 해줄 것이며, 또한 정체와 근원적인 사회 간의 관계를 밝혀줄 것이다. 가족과 위계(Hierarchie) 간에는 극명한 대립이 존재하는데 가족이 전적으로 자연적인 관계라면 위계는 정신적인 것이다. 정신적인 목적이외에는 아무런 목적도 지니지 않는

각각의 모든 인간적 결합이 | 담고 있는 특성은 국가의 특성과는 완전히 다르며, 또한 우리는 공동체를 위계의 개념을 통해 알게 된다. (정치철학자와 실정법학의 관계는 대략 다음과 같다: 철학자는 법률고문(Jurisconsult)에서 최종 심급으로 존재해야 한다.)

교회는 전적으로 정신적인 공동체이어야 한다. 전적으로 정신적인 공동체에 기초한 모든 공동체는 그러나 어떠한 고정된 법률과 헌법도 가능하지 않다. 교회는 절대적 자유에 근거하며, 또한 무한자를 향해 나아간다.[37]

세 가지의 원천적인 정치적 근본개념의 구성은 인간의 규정에 관한 물음에 대한 본원적(eigentlich) 답변이며, 또한 답을 안다는 것은 **인간을 안다는 것이다**.

최고선(至善)에 대한 논의는 **인간론**과 완전히 동일하다. 최고선은 | 존재해야만 하며 **모든 목적들의 목적**을 규정해야한다; **주관적으로** 본다면 최고선에 대한 물음에는 어떠한 확정적인(bestimmten) 답변도 전혀 가능하지 않을 것이다. 가능한 답변이 있다면 그것은 이러할 것이다: 인간은 자기 자신으로 존재하도록 노력해야 한다. 그럴 경우 각자는 자기고유의 최고선을 지닐 것이며, 또한 그것은 객관성을 결여할 것이다.

반면 최고선과 관련한 물음에 대한 객관적 규정은 그 규정을 세 가지 근본개념과 연관지을 때 가능하다. 최고선은 **초감각적인 것**에 대해 사용되어서는 안 된다. 최고선은 유용성(Nützlichen)과 법의 원천이며 도덕성

---

37) 여기서 레싱의 글, '프리메이슨에 관한 대화'를 언급하지 않을 수 없겠다. 레싱은 철학을 연구하는 도중이었는데, '인류의 교육에 대하여'라는 그의 평가할 만한 책이 이를 말해준다. 유감스럽게도 그는 그후 12년밖에 못 살았다. [레싱이 좀 더 살았더라면] 괴테가 포에지에 대해 이룩한 것을 그는 철학에 대해 이룩했을 것이라는 점은 확실하다.

과 부합한다. 그러나 초감각적인 것은 그 모든 것을 넘어서는 것이다.

최고선은 공동체와 자유이다. 따라서 공동체와 자유를 촉진시키려는 사람은 인류에 공헌하는 것이다.

우리의 개념들은 일체의 경험과 완전히 분리되어야 한다.

공화국의 경우. 여기서 | 헌법에 대해 지금은 어떻고 과거에는 어떠했다고 시시콜콜 따져서는 안 된다. 모든 국가가 혁명을 겪었지만 지금까지 발생한 혁명은 아무 것도 아니라는 것이 가능하다. 모든 국가는 **화폐**에 토대하고 있다. 화폐는 그러나 우연의 산물이다. 따라서 화폐는 다시 탈취당할 수도 있는데, 그렇게 되면 그 토대가 국가를 무너뜨릴 수도 있다. 지금의 모든 국가는 빚더미에 처할 수도 있는 것이다.

위계의 경우 교황권은 배제되어야만 한다. 위계가 귀족적이거나, 혹은 세속적인 권력을 지니는 것이라면 참된 개념과는 정면으로 배치된다. 그러므로 일체의 경험을 배제하지 않으면 안 된다.

가족의 경우에도 경험은 분리되어야만 한다. 이 문제가 가장 난점이 클 것으로 보인다. 그러나 이 관계 역시 경험에서 주어진 것인 만큼, 그 개념[가족]을 충분히 이끌어낼 수가 없다. 따라서 어떤 새로운 것이 있어야만 한다. 지금의 가족관계에 의해서는 | 결코 공화국이 탄생할 수가 없다. 입법가가 상속법을 변경하여 딸들이 재산을 상속받고 아들들이 지참금을 마련하게 된다면 가족관계의 변동이 야기될 수 있을 것이다.[38] 지금의 가족관계에 의해서는 보편적인 도덕성은 억압되며, 개별적인 차원에서나 드러날 수 있을 뿐이다.

---

38) 당시에는 아들들이 재산을 상속받고 딸들은 결혼지참금을 마련해야 했다. 슐레겔은 이를 거꾸로 하도록 상속법을 바꾼다면 공화국에 적합한 가족관계를 이끌어내는 단초가 마련될 것이라고 본다.(역자)

따라서 우리의 세 개념에서 경험은 전적으로 배제되어야 한다. 세 개념들은 사회에 대한 도식론으로 여겨지지 않을 수 없다. 선험적 구성과 더불어 사회에 대한 연구는 종결된다.

도덕의 원리들

전체 서술의 판명성을 위해 우리는 지금 이 자리에서 도덕의 원리들을 선취[예측]해야만 한다.

도덕의 개념은 삶과 연관되어 있다. 도덕은 삶의 철학이다. 그러나 도덕이 삶의 철학의 전부는 아닐 것이다. 말할 것도 없이 삶 속에는 | 도덕과 상관없는 것이 들어있다. 삶은 실천과는 전혀 다른 것이다. 실천은 외적인 인간과 관계하지만 삶은 인간의 내면과 관계한다. 우리는 **내적인 인간의 고귀한 삶**을 외적인 관계나 실천, 즉 일상적인 삶과 아주 쉽게 구분할 수 있다. 이런 후자[일상적인 삶, 외적인 삶]의 입장에서 도덕은 삶의 철학으로 불린다. – 내적 인간의 철학은 종교 혹은 종교철학이다.

삶의 철학의, 혹은 도덕의 원리들이 무한히 많은 대상들에 적용가능하다는 것을 제일의 가설(Hypothese)로 받아들이려면, 거기에서부터 무한자로 출발하고, 또한 다시금 돌아가는 중심을 찾아야만 한다.

여기서 [중심을 찾는데서] 우리는 철학 자체를 본보기(Analogie)로 삼을 수 있다.

철학을 구성할 때에 우리는 두 가지의 근본개념 및 최종 명제를 얻었으며 이를 통해 철학 자체를 구성하였다. |

우리는 도덕 원리의 구성 역시 그와 같은 방식으로 다룰 것이다.

도덕성의 두 가지 근본개념은 **도야(교양, 형성 Bildung)와 명예(Ehre)** 이다.

(도야에 관한한 관건은 외적인 문화가 아니라 독자성의 발전이다.)

어느 것이 최종 명제, 즉 도덕성의 원칙[근본명제]인가?

윤리성(인륜성, Sittlichkeit)에 관한 일반적인 공식들은 도움이 되지 않는다. 칸트는 도덕성의 원칙을 보편성에 두었다. 우리의 원칙은 반드시 **보편성**과 정면으로 배치되어야만 할 것인데, 왜냐하면 우리의 원칙은 도야형성, 교양와 명예의 개념으로부터 나오기 때문이다. 우리의 원칙은 따라서 **고유성, 독창성**이 될 것이다.

명예만이 인간에게 도덕성을 부여한다.[39] 명예만이 인간을 보다 더 나아가게 한다. 내적인 일관성(Konsequenz)이야말로 우리가 추구해야할 유일한 것이다.

오류란 논리적 연속성(Kontinuität)을 통해서만 반박될 수 있으므로 오류를 반박하는 경우를 제외한다면 | 논리적 연속성은 내용이나 가치를 전혀 지니지 못한다. 진리를 공유하는 데에 논리적 연속성은 아무런 도움이 되지 않는다.

전체에 대한 발생학적(Genetische) 서술

우리는 철학이 전체 인간의 학문이라는 요구로써 철학을 시작하였다. 철학은 따라서 자기 스스로가 스스로를 산출하고 스스로로부터 나오지 않으면 안 될 것이다. 삶의 철학은 거기서 출현한다. 그러나 거기에서는 윤곽(Grundlinien)만, 즉 제1의 원리들만 주어질 수 있는데 왜냐하면 **그 적용가능성은 무한**하기 때문이다. 삶의 철학은 완성될 수 없다는 것, 적용가능성은 무한하다는 것, 바로 그것이 철학의 동기(Motif)이며 철학을 자기 자신으로 귀환하지 않을 수 없게 하는 것이다. 5장 이하를 참조할 것.

---

39) 명예의 원칙들과 명예심은 객관적이다.

인간론은 전체 인간 속에 실재하는 것이 무엇인가를 교시해야 한다. 인간론에서 기대할 것은 내면적 인간론이 아니라 ┃ 인간의 규정과 관련한 물음에 대한 답이어야 한다. 그 답은 사회임이 드러났다. 우리는 **사회**에 대한 **도식론** 하나도 살펴본 바 있는데, 거기서는 사회의 근본개념이 사회관계와 범주들에 따라 제시되었다. 정치가 하나의 학문이라고 할 때 그 근본개념들을 **정치의 원리들**이라고도 부를 수 있겠다. 이 근본 개념들에서 우리는 근본개념들을, 즉 그로부터 이성을 통해서만 법이 도출될 수 있는 근본개념들을 찾게 될것이다.

따라서 여기서는 정치를 최우선으로, 그리고 법론은 [정치의] 응용론, 파생론으로 삼는다; 왜냐하면 그 주요 개념들(Hauptbegriffe)이 그러하기 때문이다. 법이 없는 경우에도 사회는 존재할 수 있을 것이다. 즉 법을 초월한 사회도 존재할 수 있을 것이다.

법론의 경우에도 마찬가지로 근본개념들은, 즉 제일 원리는 오로지 앞서 말한 정치적 근본개념들로부터 도출된다. 그 경우도 적용가능성은 무한하다. 법론의 경우는 다른 경우, 예컨대 도덕 등등의 경우보다 훨씬 더 그러하다.

정치 - 도덕 - 법론 - 그리고 **종교**의 원리들은 하나의 직접적인 연관에 놓여있으며 서로 영향을 주는데, 우리는 그 원리를 생성하면서 만전을 기하기 위해 선취[예측]를 통해 모든 것을 언급하지 않을 수 없었다.

그러나 여기에는 우리에게 방해가 되는 두 가지 개념이 있는데, 만약 우리가 그 원리들을 판명하게 이해하고자 한다면 미리 그 개념들을 완전하게 규명해 놓아야만 하겠다. 바로 **의지의 자유** 개념과 **자연 법칙** 개념이 그것이다. 의문은 이렇다. 이 개념들이 올바르게 파악되었는가? 이론

(異論)의 여지없이 이 의문은 모든 혼란이 시작되는 지점들이다.

전혀 참되지 않은 것이 이 개념들의 기초를 이루고 있는 것 같지는 않다. 물론 이 개념들은 진리에 기초하고 있다. 그러나 진리가 파악되어야 하는 형식으로는 적합하지 않으므로 우리는 그 점에 대해서만 반대하여 싸울 뿐이다.

도덕에는 하나의 요청(Postulat)이 필수적이다; 그런데 도덕을 확고히 하기 위해서는 불멸(Unsterblichkeit)이 있다는 것으로 이미 충분하다; 그것이야말로 도덕이 추구하는 바로 그것이다. 의지의 자유는 여기서 혼란만 줄 뿐이다.

그래서 의지의 자유라고들 떠들기 때문에 혼란이 오는 것이다. 그로부터 예컨대 자기 자신을 규정한다는 인간의 능력에 대한 주장이 나온다. **그로 인해 세계와의 연관도 내적인 인간의 연관도 갈가리 찢어지는 것이리라.**

의지의 자유 개념은 진리란 무엇인가, 또한 무엇이라고 말해야 하는가에 대해 그다지 많은 것을 알려 주지 않는다. 아니 그 반대다. 특권적인 존재(Wesen)가 절대적 인과성의 경탄스런 능력을 지닌다는 점과 나머지 모든 것은 하나의 메커니즘에 의해 지배된다는 점이 용인된다면 모든 연관은 한 순간에 산산조각이 나게 된다. 자연을 메커니즘으로 가정할 때 [의지의 자유가 있다면 세상에는] 아마도 메커니즘에서 빠져 나오는ㅣ절대적 능력 이외에는 아무 것도 남아 있지 않을 것이다.

그러나 우리 철학의 유일한 내용은 **세계는 오직 하나만 존재한다는 것**과 **모든 현존재는 유기적이라는 것**이다. 그것을 통해 절대적 인과능력, 즉 의지의 자유 하에 생각할 수 있는 것은 제거[지양]된다. 자연 법칙이라고 통용되는 것은 그저 사실들(Fakta)일 뿐이다. 자연학에서는 **고차원의 사실들**이 **저차원의 것**들에 대한 원리로 통용된다. 그런데 **이원성**과 **동일성** 보다 **고차원**의 사실들은 없다. 그리고 이로써 다른 모든 자연(법칙)은 몰락한다. **의지의 자유**와 **자연 법칙**은 공존(共存)·공몰(共沒)한다.

법에 속하는 몇 몇 행위들이 도덕으로 전의되었다고 할 때, 귀책(Zurechnung)의 개념은 의지의 자유에서 배제되어야만 한다.[40]

칸트의 도덕을 살펴보자.

칸트적 도덕의 생성은 | 완전히 개체적(individuell)으로 설명되어야만 한다.[41] 칸트적인 것은 역사적으로만 이해되는데 그 이유는 피히테나 스피노자와 같은 하나의 중심점이 없기 때문이다. 칸트의 도덕은 물리적 세계에서 **뉴턴의 인력법칙(AttrakzionsGesetz)**처럼 보편적인 법칙을 윤리적 세계를 위해 수립하고자 하는 소망에서 탄생한다. 그의 도덕을 탄생시킨 두 번째 준거점은 당시의 프랑스적 모드모랄인데, 모드모랄에서는 **모든 행위들이 이기주의에서 기인한다**고 본다. 그로부터 그리고 그의 이론 철학으로부터 그의 도덕이 탄생하는 것이다.

그러나 개별적인 행위들을 가지고 보편적인 도덕성을 완성하는 것은 전적으로 불가능하다. 개별적인 행위들도 물론 한 인간의 윤리성을 단죄하는 데는, – 다시 말해 **그가 불명예스런(ehrlos) 행위를 저지른 경우**에는 쓸모가 있다. 그러나 이는 부정판단일 뿐이다. 개별적인 행위들에 대한

---

40) 슐레겔에 의하면, 귀책의 개념은 법에 속하는 것인데 칸트에서는 의지의 자유개념, 즉 도덕에 들어가 있다. 따라서 귀책의 개념은 의지의 자유 개념에서 배제되어야 한다는 것이다.(역자)
41) 칸트의 도덕에서 객관적인 것이란 명예의 원리로 환원이 되어도 괜찮을 법한 것을 각각의 개인에게 요청하는 것이다. 명예의 원칙들과 마음들(Gefühle)은 객관적이다.

긍정판단은, 그것이 도야[형성]와 관계하는 한, 매우 실재적(reelle)이기는 하지만 | 완결적이지는 않다. 왜냐하면 도야[형성]는 완결적이지 않기 때문이다.

　일반적인 사고방식에 기초한 두 가지 개념들이 있다. 바로 의지의 자유와 자연의 합법칙성이다. 어떤 의미에서 그것들을 위해서는 제3의 개념이, 즉 – **일반적으로 통용되는 이성 토대론**의 개념이 추가로 필요하다. 이 개념들에 진리는 토대해야만 하며, 그것에 대해 답을 할 수 있어야만 한다.

　그 안에 오류가 존재한다는 것, 그리고 혼란이 야기된다는 것은 **결합 불가능한 두 개의 원리들이 뒤섞여 있다**는 것이다. 이 원리들은 **무한자에 대한 동경**, 그리고 **유한자에 대한 고착, 즉 집착**이다.

　(이것[유한자에 대한 고착, 집착]이 바로 독단론의 고유한 본질이다.)

　자연법칙을 하나의 필연적인 메커니즘으로 설명하려든다면, 그에 반대하여 우리는 싸우지 않을 수 없다. | 전체는 하나의 메커니즘으로는 생각될 수가 없으며 오히려 하나의 사실로서 내적 직관을 통해 지각할 수 있다.

　우리는 모든 것이 거기서 시작되었던 근원사실(Urfaktum) – **이원성의 사실** – 과 모든 것이 거기서 끝나게 될 두 번째의 최종사실은 예지적 직관을 통해 지각 가능하다. 왜냐하면 우리 자신이 저 사실[근원사실]에 함께 관련되어있기 때문이며, 우리가 흡사 [저 사실의] 하나의 유출물 같기 때문이고 – **우리가 의식을 지니고 있기 때문이다.** 의식에는 게다가 의식은 무한하다는 사실이 부가된다.

종교의 원리들

우리는 여기서 철학 및 도덕의 경우와 동일하게 작업한다. 즉 우리는 두 개의 **근본개념들**과 하나의 **원칙(Grundsatz)**을 찾는다.

이 개념들은 **외적인 삶**의 반대(Gegensatz)에서 찾는 것이 가장 쉽다. 우리는 물론 내적인 삶의 철학의 원리들을 찾는다. | 우리는 내적인 삶으로 이행한다. 왜냐하면 외적인 삶은 늘 개별적일 뿐이어서 우리를 충족시켜주지 않기 때문이다.

내적인 인간의 고상한 삶은 전체와 관계하지 않을 수 없다. 이것이 바로 **종교의 기준**이다. 근본개념 중 하나는 – 자연이다. **그것은 전적으로 객관적이다.**

우리는 이제 자연과 대립적인 것을 찾아야만 한다; 따라서 전적으로 주관적인 것임에도 불구하고 전체와 관계하는 것을 찾아야 한다. 그것은 바로 사랑이다.

종교의 준칙(Maxime) 또한 도덕의 반대에서 찾지 않을 수 없다. 왜냐하면 우리는 대개 우리의 개념들을 반대로부터 도출하기 때문이다. 도덕의 원칙은: **고유성, 근원성** 혹은 **독자성**, 혹은 **독창성**이다.

여기서 그 반대되는 것은 – **그러므로 보편성**이다. 개별적인 견해는 버려야[지양되어야] 한다. |

우리의 견해는 전체, 무한자와 관계없는 모든 것과 싸운다. 따라서 **의지의 자유** 개념과 싸울 것이다. 그것이 인간의 다른 능력이 배제된, **절대적인 출발의, 즉 새로운 인과계열의 특수한 능력**을 의미하는 한 말이다.

(이것이 칸트의 의지의 자유 개념이다.)

마찬가지로 우리는 **야코비**에서 나타나는 또 다른 자유 개념에도 동의할 수가 없다.

칸트에서도 물론 자유는 메커니즘과 반대이다.

그런데 야코비는 훨씬 고상한 메커니즘을 받아들인다. 어쨌든 그는 현존재의 메커니즘은 이렇고 의식의 메커니즘은 저렇다고 말한다(그리고 이 점에서는 우리도 그와 동감이다).

그러나 반대의 표현은 옳지 않다.

메커니즘은 무엇보다도 철학과 실재성의 측면에서 악한 원리이다. | (왜냐하면 메커니즘에서는 유한성이 절대적인 자리를 차지하고 있기 때문이다.) 그렇지만 메커니즘과 대립적인 좋은 원리로 **자유**를 규정한다면 그 방식은 대립을 올바르게 특징짓는 것이 아니다. 즉 자유가 메커니즘의 부정에 불과하다면 말이다. 이 자유가 인간에게만 부여되는 것이라면 그것도 옳지 않다.

전체의 인과성은 흐릿하게 예감되는 듯하다는 것 이외에 다르게 생각될 수는 없다; 즉 절대적 인과성을 우리 의식의 메커니즘 만으로 생각할 수는 없다.

사랑의 인과성, 그것에 의해서만 절대적 인과성의 능력이 인간에게 부여될 수 있다. 세계는 아직 미완성이다. 따라서 그것을 완성하기 위해서는 항상 시작이 되어야만 한다. 따라서 여하튼 인과성은 존재하지 않으면 안 된다. 그렇지만 그것은 물론 | 전체와 연관된 것이라야 한다. 이것이 바로 다름 아닌 **사랑의 인과성**이다. 사랑을 통해 모든 것이 시작되었고 사랑을 통해 모든 것이 완성된다. 이러한 원리를 깨달은 사람은, 그것을 통해 창조자가 된 사람은 근원사실(Urfaktum)을 개념적으로 파악할

수 있게 된다.

사랑은 무차별점, 즉 우리 안의 핵심이다.

두 가지의 중요한 실정종교는 **그리스와 로마의 신화**, 그리고 기독교이
다. 우리가 이 종교들을 우리의 종교개념으로 끌어들이자면 **신화적인 고
대 종교는 자연에**, 그리고 **기독교는 사랑**에 상응한다.

우리 철학의 원칙들로부터 우리는 종교에서의 신인동형론(Anthropo-
morphismus)을 받아들이지 않을 수 없다. |

그래서 요청으로서의 자유에 반대하여 우리가 **아는**, 정말 제대로 아는
불멸에 대해 말한 것과 마찬가지로 자연필연성의 주장에 반대하여 우리
가 확정한 것은 **신적인 것의 현존재를 내적 감각**을 통해, 즉 **예지적 직관**
을 통해 직접적으로 안다는 사실이다.

두 가지 근본사실들, 즉 **이원성**과 동일성은 사랑의 정신에서만 사유할
수 있으며, 또한 **신**을 사유해왔다. 따라서 우리는 신성을 **알며**, 그것도 직
접적으로, 온전히 안다고 하는 데, [실상은] 그렇지가 않다. **우리는 신성을
[아는 게 아니라] 신앙한다.**

종교는 내적인 인간의 철학이어야 한다. 종교는 따라서 순전히 개념에
경도된 제한적인 상태에 머물 수 없으며 개념에 상응하는 소질들
(Anlagen)[사랑의 싹들]을 우리 안에서 생동하도록 추동해야 한다. |

종교는 따라서 우리가 그것을 우리 안에서 회복시키고자 한다면 요컨
대 우리에게만, 우리의 삶에만 한정되지 않으면 안 된다, 그래서 종교는
항상 신인동형적으로 된다. 종교를 우리의 형식대로 받아들이면, 그것은
동일한(gleich) 만물의 상징이 된다.

본질적으로 **신인동형론**은 우리가 싸워야 할 **메커니즘**과 반대된다.

소위 종교는, 만약 전체를 원인들과 결과들의 필연적 결합 체계로 생각한다면, **도덕성과 관계있다.** 여기서 차이가 있다. 종교는 본질적으로 메커니즘과 대립적이다.

우리는 신성의 현존재를 직접적으로 아는데, 그 이유는 신성의 현존재가 모든 지의 원천이기 때문이다. | 근원사실들을 해석(übersetzen)하고자 할 때, 이는 신성은 **생성 속에서**만 사유될 수 있음을 의미한다. 그리고 이 속에 신인동형론의 참된 정당성이 있다. 생성을 고려할 때, **신들**(Göttern)이라고 말하는 것이 신이라고 하는 것보다 적절하다. 흔히 신에다가 완전성들을 부여하는데 이는 온당치 않으며, 최종 사실(das letzte Faktum)에 부여되어야 온당하다.

우리는 만물의 최종 사실인 가장 완전한 본질과 간접적으로(mittelbar) 접촉하는 위치에 있다.

신들과 인간들의 관계는 다음과 같이 표현될 수 있다. 고대 그리스 시인이 표현했듯이 말이다. 즉 **인간들과 신들의 어머니는 같으며, 같은 대기를 호흡한다고.**

우리는 **세계**와 | **자연**을 구별한다. 세계는 메커니즘의 체계로서의 전체라고 생각되어 왔다. 자연은 생성하는(werdenden) 신성의 상(像, Bild)이다. 전체는 개체로서 생각된다. 그래서 만약 학문이 메커니즘과만 결부되어있을 경우라면 자연의 개념은 이미 그 학문의 경계 밖에 위치한다.

생성 개념에는 저항(거스름Widerstand)이라는 조건이 들어 있다. - 그렇지 않다면 신성이 있거나 아무 것도 없거나할 것이다.

저항[거스름]은 자연에서 나쁜(böse) 원리이다. 우리는 그것이 있다는 것은 알지만 그것이 무엇인지는 모른다. 거기까지 밀고 나갈 때, 우리는 자연을 인식한다. 왜냐하면 선과 악을 구분할 줄 알아야 비로소 어떤 것을 인식하기 때문이다.

자연과 마찬가지로 사랑은 신성과 결부되어 있는 것이다. | 자연이 생성하는 신성의 상이듯이 사랑은 아직 현전하지 않는 신성에 대한 예감 (Vorgefühl)이다. 그래서 우리는 사랑으로부터 모든 현존재가 나타나는 신화에 공감한다.

(철학의 경계들은 **종교, 정치** 그리고 **도덕**의 개념들이 도식화될 때 존재한다.)

말하자면 종교의 준칙(Maxime)은 "**보편성**"이다.

그것[보편성]이 빈 말이 아니라는 증거로 우리는 직감[본능Instinct]을 들 수 있다. 직감은 누군가에게 자연에 대한 자신만의(eigentlich) 새로운 안목(견해Ansicht)을 생성케 한 곳이라면 어디서든 나타난다. 어떤 내적 압력(Gewalt)이 안목을 공유[전달]하도록 그를 강제한다.

그것은 종교와 정치의 원리들이 결합되어 있음을 아주 쉽게 보여준다. **도덕**과 **종교**는 완전히 분리되어 있다. 그것들은 서로 대립적이다. | 그러나 이런 대립(Gegensatz)은 보다 높은 종합(Synthesis)에서 다시금 통일되어야만 한다. 명예와 사랑이 없는 삶은 비참하기 때문이다.

종교의 원리는 **위계**와 결부되어 있다. 도덕의 원리들이 **가족**과 결부되어 있듯 말이다.

종교와 도덕은 또한 부정적 요소들을 통해 정치와 결부되어 있다. **사랑**은 최고선과 관련되어 있으며 명예 또한 그러하다.

(명예의 서열은 대체로 다음과 같이 시작한다. 누군가가 용기를 지니고 있다면, 거짓을 부끄러워한다면 보다 높은 등급일 것이다. 여기서 이

미 정치적 개념들과의 연관이 분명히 드러난다. ─ **명예의 기준**은 **야만성을 부끄러워하느냐 아니냐**에 있을 것이다.) |

결합은 하나의(ein) 요소를 통해서만 실현된다. 교양[도야]에는 인간성에 대한 공로를 얻도록 인간을 독려할 수 있는 것이 아무 것도 없다. 교양[도야]에는 오히려 차별(Absonderung)의 근거가 자리한다.

그 결합원리는 반대 요소 속에 있다. **명예의 원칙들과 감정들**은 객관성을 자기 안에 지니고 있으며, 다시금 인간을 전 인류와 결합시킨다.

최고의 조화로서의 이 개념과, 즉 **명예**와 **최고선**과의 관계, 그리고 이 개념[명예]이 삶에서 드러나는 방식과의 관계를 통해 그 개념은 새로운 특성을 얻는다. 그것은 긍정적[실증적]이 되며, 우리는 그것을 **공명심**(명예욕Ruhmbegierde)라고 부른다. 따라서 공명심은 명예와 구분된다. 명예는 순전히 부정적이다.[42] |

도덕을 통해 역사를 살펴본다면 우리는 이 두 개념들이 시대를 막론하고 문제가 되어왔음을 알 수 있다.

종교와 정치에 대해서와 마찬가지로 도덕에 대해서도 철학은 윤곽만을 그릴 수 있다. 우리는 따라서 체계들을 구축하려는 도덕론자들(Moralisten)에 맞서서 입장을 표명해야만 한다. 도덕을 하나의 체계에 담는 것은 가능하지 않다. 왜냐하면 우리는 어차피 늘 제한된(bestimmte) 몇 개의 개념들과 원칙들만을 빌려 쓸 수 있을 뿐이기 때문이다.[43]

---

42) 슐레겔에 의하면 명예가 긍정적인 것[실증적인 것]이 될 경우, 즉 만약 어떤 것이 명예라고 주장되는 순간, 그것은 명예가 아니라 공명심(명예욕)이 된다고 본다. 명예가 부정적이라는 것은 명예에 대해서는 부정판단만 가능한 것이지 긍정판단은 불가능하다는 의미이다.(역자)

43) 최선의 도덕은 스파르타와 로마의 연감에서 발견된다. 타키투스와 투키디데스는 위대한 도덕론자들이다. 만약 우리가 원리들에 관해 정리를 한다고 할 때, 우리는 체계적인 도덕론자들보다는 그들에게서 보다 많은 것을 배울 수 있기 때문이다.

도덕에 대한 가르침들 중에서 스토아주의가 우리의 원칙들에 가장 부합한다. ㅡ 기독교 도덕이 더 순수하다고들 하는데, **그리스도**는 **사랑만**을 가르쳤다고 우리는 답하겠다. 그는 전혀 아무런 도덕도 세우려고 하지 않았다.

명예의 원리는 **스토아주의**에서 훌륭하게 완성되었으며, 또한 ǀ 윤리적 (인륜적, sittliche) 도야에 대해 말한다면 **소크라테스**보다 위대한 사람은 아무도 없었다. 그에 관해서는 이렇게 말할 수 있겠다. **그는 윤리적 도야의 기술(Kunst)을 창안하였다**고. 그는 그 자신이 최고로 도야된 자였을 뿐만 아니라 가능한 한 많은 이들을 도야시키는 법을 알고 있었다.

도덕과 **정치**의 분리가 지양됨을 통해서 **명예**가 존재하는 것과 마찬가지로 외적인 인간이 **내적인 인간**과 ㅡ 즉 도덕이 **종교**와 ㅡ 결합됨을 통해서 **도야**가 존재하는 것이다.

이제 그 결합은 하나의 **사실(Tatsache/Faktum)**로, 또한 하나의 **규범**(Vorschrift)으로 나타날 수 있게 된다.

그 **사실(Tatsache)**은 이러하다. **윤리적 도야는 사랑과 더불어 시작된다.**

(사랑은 여기서 최고의 추상으로 받아들여지는 것이 아니라 순전히 최초의 ǀ 출발점으로서 그것의 주관적인 발생 이후 보편적인[우주적인] 사랑으로 나아가는 것으로 받아들여진다.)

이것은 가장 중요한 사실이다. **그 규범**은 자연에서 빌려온 것이므로 자연을 따르라는 의미이다. 바로 이것이 윤리적 도야를 위한 유일무이의 규범이다.

(그것은 **자연**의 최고 개념으로, 즉 전체, 자유, 생명으로, 유기적인 것으로, 개체로 이해된다.)

자연을 따르라란 따라서 다음과 같은 것을 의미한다. **자연이 스스로를 유기체화[조직]하듯이 너를 유기체화[조직]하라.)**

어떻게 그것을 성취하느냐는 그 말(즉, 자연을 따르라) 속에 담겨 있으나 각자가 스스로 깨우칠 수밖에 없다.

정치의 원리도 **도덕**과 **종교**에 의존한다. 스스로를 도야하는 사람은 고립되지만 그래서 그는 가족을 만든다. **위계**는 인간의 내적 능력의, 즉 종교의 활동과 수련을 빼놓고는 생각할 수 없다. | 이런 의문이 생길 수 있다. 즉 **정치의 원리들**이 도덕과 종교의 원리들처럼 증명될 수 있는가? 될 수 있고말고. 요컨대 두 가지 **근본개념들**이란 **가족**과 **위계**이다. 그 근 **본준칙(Maxime)은 공화주의이다.** 두 가지 근본개념들은 곧바로 규정 가능하며, 그것들은 전적으로 절대적이다. 문제는 그것들 [두 가지 근본개념 들, 즉 가족과 위계]을 가지고는 무한자로 조금도 접근할 수 없다는데 있다.

한 사회가 내적 인간과 관계를 지닌다고 할 때, 사회에 특정한 모델이 덧씌워진다면, 그러면 사회는 그것이 마땅히 그래야할 것으로 존재하는 것이 아니다. 사회는 마땅히 그래야 할 것으로 실재하든지 아니면 전혀 아무 것도 아닌 것이다. [한 사회와] **가족**과의 관계도 마찬가지다.

그렇지만 준칙에 있어서는 반대되는 경우가 발생한다. **공화주의**가 그 것이다. 여기서는 무한자로의 접근이 발생한다. **공화주의**는 | 모든 사회의 원리이며, 따라서 무한자로의 접근이 발생한다. 일반 국가들에서조차 공화주의로 접근하려는 경향이 두드러지며 심지어는 그 형식[공화주의]과 반대가 아닐까하는 경우조차도 그러하다. 모든 국가의 제일의 경향은 아무튼 확실히 공화주의적이다.

여기서 정치의 원리들이 도덕과 종교에 의존하는 것과 마찬가지로 도덕과 종교도 정치가 없이는 아무 것도 되지 않을 것이다. 정치의 원리들은 전체와 결부되어있다. 왜냐하면 도덕,정치, 그리고 종교의 원리들이 분리되는 것만큼이나, ─분리되지 않음으로부터 그에 대한 모든 혼란이 야기된 것이 틀림없기 때문에─ 그 개념들이 다시 통일되는 것이 필연적이기 때문이다.

다음과 같은 반론이 제기될 수 있겠다. 즉 **자연**에 대한 우리의 견해로는 | 자연은 메커니즘적 전체로서의 세계와 대립된다는 것, 따라서 자연은 본래(eigentlich) **자유로운 것**, 즉 생동적이라는 것, 또한 인간은 오로지 자연의 상징이기 때문에 자유롭다는 것인데, ─ 왜냐하면 개별자는 전체로부터 설명되어야만 하기 때문에 ─ 따라서 이 견해[우리의 견해]를 따른다면 자연학은 파기되어버리고 자연의 모든 사실이 기적이라는 몽상(Schwärmerey)에게 창호(窓戶)가 개방된다는 반론이 제기될 수 있겠다.

반론의 외형(Äußere)과 본질은 구분되어야 한다.

외형은 **기적**이라는 표현이다. 우리는 자연의 사실들을 기적이라고 부르려는 것을 타당하다고 인정할 수 있다. 그것으로 인해 자연학이 파기되지는 않는다. 왜냐하면 무한히 많은 기적을 받아들인다는 것은 그러한 것을 전혀 받아들이지 않는 것만큼이나 자연학에 해(害)가 되지 않기 때문이다. 유기체로서의, 즉 개체로서의 자연으로부터 얻은 우리의 견해는 유일 가능한 것으로 입증된 합법칙성의 방식, | 즉 **형성(Bildung)의, 유기체의 법칙**으로 우리를 인도한다.

독단론에서는 불문곡직하고(ohne wie und warum) 인간과 세계를 완전히 분리한다. 우리의 견해에서는 그러나 양자가 결합되며, 또한 동일한 것으로 여겨진다. **자유**는 따라서 전체로서의 자연에 부여되며, 인간에게는 **합법칙성**이 부여된다. 인간에 대한 최고의 견해에는 모든 것이 관계되어야만 하는 개념, 즉 **도야[형성]의 개념**이 들어 있다. ─ 그래서 정치에 관한 한, 도야[형성]로의 법칙들 말고는 어떤 다른 법칙들이란 있을 수 없다. 도야[형성]의 법칙들이 아닌 것에는 법칙이라는 이름을 전혀 붙일 수가 없다. 정치적인 관계들에 대한 준칙(Maxime)은 **공화주의**이며, 모든 법칙들은 그것과 관계되지 않으면 안 되며, 또한 그 법칙들은 타당하고 **공화주의**로의 인류의 필연적인 도정에 상응하는 그 법칙들로부터 좋은 성과를 기대할 수 있다. ㅣ

자연학은 따라서 파기되는 것이 아니라 **그 출발점과 최종 귀결**을 드러내게 된다. 자연학은 물론 기존과는 달라질 것이다. 전체를 통찰하는 사람만이 자연학을 치하할 수 있을 것이다. 전체는 그의 유기체 안에서 자유이며, 생성하는 신성의 상(像) 아니 역사이다. 전체는 그러나 상징으로 이해되어서는 안 되며 본래대로 이해되어야 한다. 자연은 이원성과 동일성의 근본사실들(Urfakta) 사이에 놓여 있는 **생성**(Werden)이자 **생명**(Leben)이다.

모든 **생성**은 저항(Widerstand)을 전제한다. 왜냐하면 그렇지 않다면 **생성**이 아니라 절대적인 존재일 것이기 때문이다. 다시 말해(aber) 자연의 유희는 일순간에 진행된 것이 아니라 생성이며 따라서 자연 안에는 저항이 없을 수 없다. 저항은 자연의 영역에서 **나쁜 원리**이다. ㅣ

우리가 전체에 입각한 견해를, 오로지 전체와 개별자의 관계만을 생각하는 메커니즘과 구분 짓는다면, 또한 전체에 입각한 견해 자체를 구별

해낸다면, 의식에 있어서도 **메커니즘**과 구분이 가능하며, 또한 그것은 메커니즘과 대립적일 것이다. 의식의 메카니즘은 이성이다. 이성은 사유에서의 메카니즘의 원리이다. 이는 부정적 요소이다. 이성은 전적으로 부정적이다.[44] 이성과 대립하는 긍정적 요소는 **감각**(Sinn), 즉 **판타지**(Phantasie)이다.

지(知)를 흔히 **이성에서 오는 것**이며 **이성과 관련되어 있다**고 생각한다. 그러나 그 지는 결코 지가 아니며 이성으로부터는 어떠한 지도 발생하지 않는다. 오히려 지는 **이성과 감각으로부터** 발생한다. 그것들로부터만 지는 발생한다. 지의 능력은 **오성**이며 또한 그 결과(das Resultat)가 **진리**이다. |

("**야코비가 피히테에게**" 보낸 편지를 비교해보자. 여기서 우리는 지와 이해함이 무엇인가를 알 수 있다. 야코비는 피히테를 이해한다고 믿는다. 피히테의 체계를 의식의 메카니즘에 대한 완결적 서술로서 서술함으로써 말이다. 그렇지만 야코비는 피히테를 전혀 이해하지 못했다. **피히테의 체계는 모든 메카니즘을 자기 자신을 통해 무화시키려 한다.**)

모든 사실은 자연력의 직접적인 활동이다. 우리가 할 수 있는 것은 그 안에 기적을 부가하는 일이다.

학문상의 우위는 전적으로 우리 편이다. 왜냐하면 다른 견해에서는 전체를 분리하기 때문이다. 우리는 자연의 개념 하에 전체를, 즉 의식과 현존재를 파악한다. 자연학은 형성(Bildung)의 법칙들에 종속되어 있으며, 법칙들은 바로 사실들이다. 선험적으로(애초부터, a priori) 경험을 구분

---

44) 모든 이성은 초험적(trascendent)이라고 할 수 있다.

하는 메커니즘과는 달리 이론과 경험은 통일·결합되며 분리되지 않는다. 저 철학[메커니즘적 철학]은 이론과 경험을 완전히 분리하며, | 우리의 철학은 그것들을 결합시키는데, 우리의 철학이 이원성에서 기인하지 않는 것, 혹은 원리와 관계하지 않는 것—이것들은 같은 것이다—은 어느 것도 경험으로 인정하지 않는 한에서 그러하다.

이론과 경험, 이성과 감각의 가장 내밀한(innigsten) 결합 속에만 지가 있는 것이며, **오성**과 **진리**[45]가 있는 것이다.

어떻게 선험적 종합판단이 가능한가?[46]라는 칸트의 물음에 대해 우리는 **선험적인 종합적 직관을 통해서**라고 대답할 것이다. 이 고도의 직관을 통해 지각되는 것이 바로 이원성과 동일성의 **근본사실들**(Urfakta)이다.

철학에서 완전히 추방해야만 하는 것은 **신앙의** 개념이다. 그 개념이 지와 대립되는 한 그러하다. 그 영역상 신앙의 개념을 받아들이는 종교에서도 그[신앙] 개념이 **지**와 전적으로 대립한다고 여겨져서는 안 된다. 전체의 분리가 | 발생하지 않을 때, 즉 **지가 이성과 감각으로부터 발생할 때** 이러한 신앙개념은 폐기된다.

의식과 결합된 모든 실재적인 사유는 지이다. 지는 부정적이거나 혹은 긍정적일 것이며, 감각적이거나 혹은 이성적일 것이다. 그런데 통상적으로 지를 이성, 즉 사유의 메커니즘과만 결부시키며, 신앙은 지와 대립적인 것이라고들 한다. 그렇다면 신앙은 상상력(Einbildungkraft)과, 감각과 결부된 것일 수밖에 없을 것이다. 그런데 거기서 신앙은 매우 걸맞지 않

---

45) 이 세 가지 개념들(지, 오성, 진리)이 최상의 것을 표현한다.
46) 칸트는 자신의 철학을 이것으로 시작한다.

는 표현일 것이다. 지가 이루어질 때 발생할 수 있고 또 발생해야할 것에 대한 **판명한 인식에 아직 도달하지 못했기 때문에**, 그 말은 **그런 고로 아직은 지가 아닌 불완전함을 표현**한 것일 수밖에 없을 것이다. 그것[불완전함]은 신앙이라는 말을 일컫는 것이 틀림없을 것이다. 그런데 신앙은 적절한 말이 전혀 아니고 신념(Überzeugung)의 확고부동함을 일컫는다. **예언**(Weissagung), **예감**(Ahndung: Ahnung)이라는 표현이 훨씬 적절할 것이다. | **감각은 예언한다.** 그러나 그것을 가지고는 신앙은 전혀 유지될 수 없을 것이다[47]. 완전한 신앙 개념은 따라서 사족(蛇足)이다.

그렇다면 전적인 신념으로서의 **신앙**은 지의 반대말이 아니라 단지 회의의 반대말로 생각해야 한다. 회의의 원천은 그런데 감각이 아니라 이성에 있다. 그러나 신앙의 어의(語義)대로라면 감각은 [신앙에 앞서서] 먼저 회의되지 않을 수 없었을 것이다. 그 말을 곧 지, 인식, 오성의 높은 개념에 대한 **신임**(信任, Vertrauen), **신뢰**(Zutrauen)와 동일한 의미로 받아들인다면 그것이 그 말이 지닐 수 있는 유일한 의미이다. 신앙은 그렇다면 내가 감각을 통해 우선은 희미하게 예상한 것으로서 아직 확신에는 이르지 못한 것에 대한 신임, 신뢰일 것이다. 신앙은 그러므로 하나의 성품(Eigenschaft), 즉 자기 신임의 성품이자 자연의 성품이며 더 나아가 사랑할만한 가치가 있는 성품이다. 왜냐하면 [신앙에는] 아직은 | 불완전한 것에서 나온 희망, 그리고 겸손(Demut)이 결합되어 있기 때문이다. 신앙해 마땅한 고유한 것(Eigentliches), 즉 질료(대상, Materie)는 아무 것도 없다. 그러나 윤리적인 인간은 자신과 자기가 도달하려는, 자기가 알려

---

47) 감각의 인식은 불완전한 것일 뿐이며, 그래서 오해로 이끄는 동기(Anlaß)가 될 지도 모른다.

는 자연에 대한 신뢰 혹은 신앙이 없이는 자신을 더는 이끌어 나가지 못한다.

따라서 신앙의 대상인 것은 우선은 지의 대상이 되어야 한다. 이는 종교, 도덕, 정치의 원리들과 자연학의 비교에서 나온 결과이다. **즉 이론과 경험의 분리가 지양된 결과**이자 통상적인 의미의 신앙이 추방된 결과이다. 두 번째 결과는 오직 미래적인 것과 – 즉, 자연학의 이상과 관계된다. 그것[완전한 자연학]이 아직 없기 때문이다. 즉 자연의 나쁜 원리를 알게 되거나 나아가 악과 선을 구별할 수 있게 되어야 비로소 우리는 완전한 자연학을 갖게 된다.

통찰(Einsicht)의 이 이상(dieses Ideal)은, 즉 오성, 지, 그리고 진리의 이 기준은 | 도덕에도 적용가능하다. 도덕의 최고 원칙은 개체성(Individualität)이다. 각자 참된 자아(was er ist)가 되도록 노력해야 한다. 그러나 여기 윤리적인 인간의 형성[도야]의 경우에서도 실질적인 저항이 존재하며 형성[도야] 능력이 있는 인간 안에도 순전히 그의 개체성만 놓고 본다면 나쁜 원리가 있음을 인정하지 않을 수 없다. 그러나 우리는 여기서도 그것[나쁜 원리]이 현실에(da) 존재하는 필연성만을 입증할 수 있을 뿐이다.

자기 안의 악의 원리를 깨달고 그 경우가 틀림없이 있을 수 있음을 아는 데 이른 사람은 **자각**(Selbstkenntnis)을 지닌 사람이다.

지혜의 개념은 오성이 선과 악을 구분하는 경우에 존재한다. 지혜는 그래서 무엇보다도 자각과 관계가 있다. 그런데 그 개념은 내적 · 외적으로 자신을 깨달은 현자(Weiser)에게만 부여될 수 있을 것이다. 현자는 따라서 단순히 자기 자신을 깨달을 뿐만 아니라 전체를 이해해야만 한다. | 자연에 대한 깨달음도 우리가 자연에서의 악과 선을 구분하는 만큼

도달되는 것임에 틀림없을 것이다. 그러나 그 깨달음[자연에 대한 깨달음]은 아직 그만큼 진전되지 않고 있다. 반면 자각[자기 자신과 전체에 대한 깨달음]은 이미 자주 달성되어 왔다.

우리는 지금 막 **신앙**이란 말을 추방하였으며 그 사태에 대한 표현이 현실에 있어야 한다면 예언, 예감을 사용하는 것이 보다 적절하다고 한 바 있다. 즉 **감각의** 인식은 불완전한 것이다. 우리가 예를 들어 자연의 작품이든 예술 작품이든 어떤 것을 지금은 완전히 이해한다고 가정하고 그 것을 아직 이해하지 못했던 때를 돌이켜보면 우리는 그것이 당시에 이미 생생한 인상(Eindruck)을 우리에게 주었으나 우리는 미처 그에 대한 판명한 견해(Einsicht)를 갖지 못하였음을 발견한다. 우리가 그 작품을 완전히 이해한 지금의 상태를ㅣ처음과 비교할 때 우리는 이렇게 깨닫는다. 지금 인식하고 있는 그 질료(대상Materie)는 처음 순간에 이미 주어져 있었으나 우리는 미처 그것을 분명히 알 수가 없었다고.

신앙은 자신과 자연에 대한 신임, 신뢰이다. 즉 예언이 확신으로 되는 것이다. 이 신임은 자연연구자 만큼이나 윤리적으로 자기를 도야하는 사람에게도 필수적이다. 철학의 경우 이 신임이 없다면 논쟁조차도 무미건조해질지 모른다. 왜냐하면 우리가 마주한 어떤 사태는 우리에게 흥미가 있는 한에서만, 우리가 그것을 완전히 간파한 한에서만, 즉 논쟁에 의해서 논적의 정신 속으로 꿰뚫고 들어갈 때만 존재하기 때문이다.

우리는 철학의 경계에 서있다. 삶의 철학을 **도덕, 종교, 정치**의 세 가지 개념들로 도식화함으로써 말이다. 도덕과 종교는 양 극이며, **정치**는 저

두 가지가 | **결합된 것**이다.

질료의 측면에서 **포에지**와 예술은 **종교**나 **도덕**과 대상(Objekt)이 전혀 다르지 않다. 포에지의 질료(소재Materie)는 이 영역에 포함되어 있다. 모든 예술―감각은 사랑과 자연, 따라서 종교와 연결된다. 그러나 예술이 표현하는 특수자(das Besondere), 다시 말해 성격(Charakter), 열정들(Leidenschaften), 감정들(Gefühle) 등은 도덕과 관련되어 있다. ― 인간적인 열정들에서 모든 특수한 개별자들은, 모든 위대한 것이나 신적인 것과 마찬가지로 명예와 **사랑**으로부터 도출될 수 있다.

예술은 소리(Ton), 빛깔(Farbe), 말(Wort)을 **질료로 하는**(materielle) **포에지**이다.

자기 자신으로부터 발생하여 삶의 철학이 된다는 점에서 철학은 포에지와 일치한다. 예술과 학문의 **질료**는 동일하다. 그렇지만 그 형식은 다르다. 철학자는 알려고 한다. 반면에 예술가는 표현하려 한다. | 따라서 이를 통해 이미 **포에지**와 **철학**은 구별된다. 즉 전자는 표현한다(darstellt). 반면에 후자는 **알고자** 하며, 설명하며, 어떻게 어떤 것이 현실화되는가 하는 규범들(Vorschriften)을 부여한다.

그런데 우리는 또 다른 차이를 발견하게 된다. 그 차이는 그것들의 본질에 더 깊이 내재하는 것, 즉 그것들이 실재하는 영역의 차이이다. 다시 말해, 사랑, 자연, 개체들, 명예와 형성[도야]은 모든 예술과 실천 철학의 내용을 형성한다. 우리는 실천철학의 세 가지 근본 개념들, 즉 **도덕** ― **정치** ― **종교**의 중간항(Mittelglied)으로부터 철학으로 들어갔다. 결항들(Endgliedern, 結項)에서 출발하는 것이 가능하다고 해도 말이다. 우리는 도덕과 종교가 어떻게 정치와 통일되는지를 제시하였다. 이것은 **철학**에

서만 일어나지 **예술**에서도 일어나는 일은 아니다. 예술은 정치와는 아무런 관련이 없다. 예술은 전적으로 정치의 영역 밖에 자리한다. 철학은 실천적 삶과 내적 인간 | 혹은 인간의 전체로의 귀환 등의 원리들과 연결될 수 있으며 마땅히 그러해야 하지만 그래서 아직도 여전히 실천적인 것에 머물러 있다.

포에지도 중간항을 통해서 두 가지 결항들, 즉 도덕과 종교를 연결하지만 이 중간항은, 철학의 경우와 같은 정치가 아니라, **신화**(Mythologie)이다.

각각의 신화에는 자연과 사랑에 대한 각자의 상징법(Symbolik)이 있다. 그 상징법이 개체적이라는 것, 인간적이라는 것은 특히 주목할 만하다. 그 안에는 인간성이 완벽하게 표현되어 있다.

포에지의 중간항은 따라서 신화이며 철학에서는 정치이다. 양자[포에지와 철학]는 도덕과 종교를 통일한다. 이제 우리는 어떤 요소가 어떤 경우에 우월(Übergewicht)한지를 언급하지 않을 수 없다. **신화**의 경우는 **종교가 우세**(Überwiegende)이며 **정치**에서는 **도덕**이다. 전자는 그 안에서 신화가 실천적인 삶으로부터 완전히 동떨어져 있음을 보여준다.

따라서 우세적인 요소, 즉 | 신화에서의 **종교**, 정치에서의 **도덕**은 항상 우리를 계도하는 원리이어야만 한다. 또한 고대인들이 말하였듯이 철학이 신적이자 인간적인 것의 학문이라고 할 때, 인간적인 것이 우세함에는 틀림없지만 신적인 것도 망각되지 않는다. **신적이자 인간적인 것에 대한 지를 자기 인식(Kenntnis)과 자연 인식에 연결한다면 우리는 지혜를 향하는 모든 요소들을 완전하게 지니게 된다.**

철학이 자기로부터 출발하여 삶의 철학이 되면 철학의 역사가 보여주

고 있듯이 자기 방법의 엄격함으로부터 다소 벗어나는 경향이 있다. 이 또한 비난해서는 안 된다. 우리는 그에 대해 많은 말을 해서는 안 되는데 왜냐하면 우리는 하나가 다른 것을 밝혀주는 전체를 다루었기 때문이다. 그럼에도 불구하고 우리는 방법의 본질적인 것을 항상 견지하였으며, 삼 원성 이외에도 개념의 경계들은 엄격히 구분되었던 것이다. |

우리가 수립한 원리들 자체는 전혀 어떤 증명을 요하지 않는다. 증명 은 우리가 삶의 철학을 얻고자 한다는 사실 안에 이미 들어 있다.

우리는 각각의 근본 개념을 통해 그 개념의 요소들인 **두 가지 범주들** 과, 이상 혹은 최고 원칙을 수립하였다. 그것에 의해 새로운 것은 아무 것 도 이야기되어서는 안 되며 모든 것은 표현이 잘 선택되었는지, 그리고 경계들이 적당하게 나뉘었는지에 달려 있다.

전체 학설(Lehre)에 대해서는 개요를 일목요연하고 권장할 만하게 만 들어서 사람들이 항상 염두에 두도록 하는 것 이외에 다른 목적은 있을 수 없다. 사람들이 스스로 그 안으로 인도된다면 참된 증명(Bestätigung) 을 발견하게 될 것이다.

도덕과 종교의 원리에 대한 몇 가지 유의사항들(Bemerkungen)

신앙은 다시금 그것이 받아들어졌던 영역으로 되돌아가야만 한다. 종 교적인 개념을 철학에서 취하였기 때문에 그 영역들을 통일하고자 하는 것이다. |

지는 **이성**과 **감각**으로부터 출현하며, 감각은 긍정적인 것인데, 감각만 을 취해보자면 감각이 주는 것은 예감이라고 표현할 수 있다. 부정적인 요소인 이성이 주는 것에 대해서도 표현이 가능할 것이다. 이성은 개별자를 전체와 관계 맺게 하는 기관이다. 그런데 잘 알려진 사실(Tatsache)이 하나있다. 즉 자체적으로 필연성을 지니고 있는 모든 명제(律律, Satz)들은 개별적이라는 사실이다. 우리는 그것들이 어디에서 왔는지, 어디로 향하는지를 알지 못하지만 그것들이 필연적이라는 것은 확신하고 있다. 그런데 그러한 공리(Axiom)가 여전히 개별적이라면 그 공리는 아직은 순전히 **이성인식**(VernunftErkenntniß)이다. 그 명제는 유일무이하게 존립하지만 그자체로 필연성에 대한 확신을 담고 있다. 그러한 고립적인 이성인식에 대해서는 **계시**라는 말이 썩 잘 어울린다. 이 개념은 또한 이성과 감각의 분리에 토대를 두고 있다.

종교는 개념들에 토대를 두고 있는데, 그 개념들은 지나치게 일반적이어서 사람들은 그것들이 과연 종교적 영역에 적합한지를 의심할 수 있을 것이다. l 그 원인은, 종교의 개념들은 전적으로 종교의 본질을 담고 있지 [정형화된] 용례집(Formular)에서 온 어떠한 것도 담고 있지 않기 때문이다. 더구나 그 개념들이 종교의 본질을 담고 있다는 사실은 역사적으로 증명될 수 있을 것이다. 그 개념들은 다름 아니라 상징적으로 표현하는 것(Darstellung)만 가능하며, 이 사실은 우리를 신화로 인도한다. 보편성의 원칙은 우리를 긍정적인 것으로 이끄는데, 긍정적인 것은 개념들의 공통성(Gemeinschaftlichen)에서 존립하기 때문이다. 따라서 그로부터 종교를 구성하는 것이 가능하며, 우리가 지닌 **신앙, 기적, 계시** 등의 개념들은 종교의 구성에서 필수적인 것은 아니다. 그 개념들도 여하간 상징적인 것으로만 존재하게 될 텐데, 왜냐하면 전체 종교(die ganze Religion)는 상징적일 뿐이기 때문이다. 신앙, 기적, 계시의 개념에 대한 비판은 물론 철학의 책무일 수는 있으나 그 비판이 종교철학으로 나아가는 것은 아니다. 그 개념들은 종교의 영역 밖에서는 전적으로 불분명하다. 여기 종교의 영역에서도 그 개념들은 부차적인 것일 뿐이다. 그 개념들은 제일의 근본개념들의 복사본이나 다름없다. 그러므로 ㅣ 그 개념들은 종교의 본질로 여겨져서는 물론 안 된다. 그것들은 외적인 가상[48]일 뿐이다.

세계와 자신에 대한 반성의 첫 번째 성과물(Frucht)은 우리로 하여금 우리가 종교를 다룰 때 견지해야 하는 공평무사함(Unbefangenheit)을 방해한다. – 반성은 우리가 배워 온 종교를 완전히 내던지게 한다. 우리는 이것을 반성의 통상적인 사악함으로 설명할 수 있다. 굴레를 넘어 일어선 사람이 사태의 본질[실상]이 전하는 말을 전혀 이해하지 하는 경우조차 생길 수 있다.

이는 도덕적 대상들에 대한 우리의 판단들에서도 흔하다.

반성주체(das Reflektierende)의 특성에도 이유가 있다. 왜냐하면 철학은 그의 가장 내적인 본질상 전적으로 논쟁적이기 때문이다. 철학은 선과 악을 구분하려 한다. 그러므로 철학은 하나 안에 상대방(반대편, Opposizion)을 산출해 낼 수밖에 없다.

---

48) 이에 대해서는 저자가 직접 붙인 이름은 아니지만 『종교에 관한 대화』라는 저술을 참조한다.

이제까지 말한 것에 대한 포괄적인 주해들

우리의 과제는 인간의 규정[사명]을 특징짓는 것(zu charakterisieren) 이었다. 주목해야 할 것은 인간의 규정이 I 전체에서 파악되어야지 개별 자에서 파악되어서는 안 된다는 점이다. 우리는 인간 사회의 개념을 발 견하였으며 또한 그것으로부터 두 가지 범주들과 하나의 이상(Ideal)을 수립함으로써 이 개념을 구성하였다. 그런데 이 이상에, 우리는 규칙에 맞게(regelmäßig) 접근해야 하며 이를 통해 그 이상은 준칙(Maxime)이 된다.

전체는 오직 개별자로부터 구성되어야만 하며, 따라서 우리는 전체를 구성할 때에 종교와 도덕의 원리에 의해 인도되었다. 왜냐하면 그렇게 함으로써만 인간의 본질이 존립할 수 있는 전체를 파악할 수 있었기 때 문이다.

포에지와 예술은 철학과는 다르다. **포에지와 예술은 요소들을 철학처 럼 예리하게 구분하지 않으며, 하나의 카오스처럼 서로 뒤섞인다.** 반면 철 학은 그렇게 할 수 없다. 여기[철학]에서는 요소들 사이를 내적으로나 외 적으로나 첨예하게 구별하는 것이 가장 본질적이기 때문이다. I

근본개념들과 네 가지의 공인된(angenommen) 덕들의 관계

고대인들과 근대인들에 의해 늘 통용되는 4가지 덕들은

정의Gerechtigkeit - **절제Mäßigkeit** - **용기Muth**(용감함Tapferkeit) - **지혜[현명함]Verständigkeit**(영리함Klugheit)이다.

이 덕들은 그런데 우리의 종교와 도덕의 근본개념들에 적용할 수 있다.

정의란 명예와 일정한 관련이 없으면 있을 수 없다. 우리는 반대편(Gegenteil)을 살펴볼 수도 있다; 즉 **부정의는 오류**(잘못됨, Falschheit), 혹은 **미개함(Rohheit)**[49]을 빼놓고 생각할 수 없으며 **명예를 전혀 지니지 못한 사람은 잘못된 사람이거나 미개한 사람이다.** 명예와 정의가 결합된 것이 **정직**(Gradheit), **개방성**(솔직담백함, Offenheit)이다.

지혜의 덕은 **교양**(형성, Bildung)과 결부되어 있다.

교양은 매우 포괄적인(ganz allgemeiner) 개념이다. 그 개념은 인간에게 있어서 자연과의 관계와 다름없이 인정되어야 한다. | 이제 교양[형성]은 **유기체**이다. 각각의 힘은 그런데 자기 자신으로부터만 스스로를 조직화[유기체화]할 수 있다. 그런데 인간에게 고유한 힘은 의식, 오성, 사려(Besonnenheit)이다. - 따라서 모든 **교양[수양, 형성]은 오성의 교양[수양, 형성]이다.** 그래서 지혜는 교양과 결부되어 있다.

그런데 모든 덕들이 모여서 오직 **하나**의 덕을 이루듯이 인간은 자기의 이상을 추구해야 하며, 그래서 참된 자신(was er ist)이 되어야 한다. 그러므로 **정의와 영리함**은 분리될 수 없다. 영리함은 그런데 항상 편협한 오성이다. 그것은 지혜[현명함]가 되어야만 한다. **정의는 이제 영리함과 지혜[현명함]를 결합한다.**

---

49) 슐레겔에서 'roh'는 'ungebildet'의 의미이다. 즉 '도야되지 않은, 교양 없는, 미성숙한, 미형성된'의 의미이다. 그런데 슐레겔은 바로 아래에서 'Rohheit'를 'Offenheit(개방성)'과 대비시키고 있으므로 'roh'는 '미개한', 'Rohheit'는 '미개함'으로 번역하기로 한다. 미개(未開)는 '열리지 않음, 개방적이지 않음'을 뜻하기 때문이다. (역자)

종교의 범주들,
그 범주들은 어떻게 외적으로 발현·발전하는가

저 신적인 힘들의 발현은 상징적으로만 작동한다고 주장하였는데, 따라서 그것들은 상징적으로만 현상해야 한다. 우선 | 이는 주관적인 것, 즉 사랑에 대해 적용할 수 있다. 그렇다면 대체 어떤 것이 사랑의 외적 상징으로 간주될 수 있을까? — **기쁨**[50])이 그것이다.

그렇다면 대체 어떤 것이 기쁨의 기준이 되는 것인가? 저 개념들이 종교적인 영역에 속하므로 기쁨의 특성은 신적인 것이 아닐 수 없다. 따라서 기준으로 제시될 수 있는 것은 이렇다. 즉 **이 기쁨은 사랑의 징표로 간주될 수 있으며 그것을 우리는 신적인 것이라고 할 수 있다는 것. 바로 이것이다.**

또 다른 기준은 이렇다. 즉 **감정의 법칙은 미라는 것이다.** 우리는 아마도 그것을 통해 **절제**(적합성, Mäßigkeit)를 판정하는 하나의 기준을 얻을 것이다.[51]) 그 기준들이 옳다면 모든 감정들에 어떤 경계를 채워놓는 것은 필요치 않다. 기쁨이 신적인 것이라면 어떤 **절제**도 발생하지 않는다.

절제라는 말은 그리스의 말[=적합성]만큼 좋지는 못하다. 그리스적 절제[적합성]는 감정의 건강성과 아름다움[미]을 동시에 표현하기 때문이다. | 절제는 따라서 **감정의 아름다움, 즉 내적 조화**이다. 따라서 절제의 **원천**은 **사랑**이다.

기쁨에서 이중적인 것을 발견하였듯이 **용기** 또한 이중적인 방식으로

---

50) 기쁨은 이중적인 방식으로 존재한다, 한편으로는 동물적 쾌감(Lust), 그리고 2)신적 기쁨(Freude)으로.
51) 절제(적합성)이 순전히 감성의 억제에 있는 것은 아니다.

존재한다. 동물도 용기가 있다. 비도적적인 사람도 용기가 있을 수 있다. 따라서 **용기**의 원천으로 되돌아 가보는 것이 좋겠다. 순전히 물리적인 용기에는 어떠한 덕도 있을 수 없다. 왜냐하면 그런 용기는 동물들에서도 나타날 수 있기 때문이다. 우리는 참된 용기를 내적 인간과 연관짓지 않을 수 없으며, 또한 그렇기 때문에 참된 용기는 **정신의 힘**(GeistesStärke)에서 해명되는 것이고 그 원천을 우리는 동시에 **자연**의 개념에서 찾지 않을 수 없는 것이다. **절제**를 사랑에서 찾았던 것처럼 말이다. 인간에서 근원적인 것은 그의 내적인 힘이며, 그것의 고유한 힘은 의식과 오성의 개념들을 통해서 이해해야만 한다. ┃ 그것은 무한한 힘의 원천이며, 용기를 지닌 모든 인간은 그것을 저절로 드러낼 수 있다. 그런데 모든 힘의 원천은 **열광**이며, 열광의 원천은 자연 개념의 직관이다. 용기라는 덕은 자연과 연관지어 볼 때 열광임이 드러난다. 절제가 조화로 해명되었듯 말이다.

그래서 우리는 네 가지 덕[四主德]을 우리의 도덕과 종교의 근본개념들과 연결시켰다. 그런데 주목할 점은, 덕들은 분리시켜 생각할 수 없다는 점이다. 덕들은 항상 하나의 전체를 형성할 수밖에 없다. **개체성**의 원칙에 의거, 근본적으로 덕은 **하나**일 수 밖에 없기 때문이다. 모든 사람은 각자의 이상을 추구해야 한다.

사랑은 모든 **감정들**의 핵심, 본질이다. 그것의 활동성의 외화는 쾌감과 연결되며 ┃ 기쁨이 된다. 기쁨의 의미는 이중적이다. 즉 동물적인 기쁨과 **신적인** 기쁨이 있다. **신적인 기쁨은 사랑의 상징이다.** 신적인 기쁨은 **아름다움**에 상응한다.

조화는 모든 감정과 충동들이 아름다운 곳에 존재한다. 그렇지만 감정들과 충동들이 아름답다면 그것은 또한 틀림없이 **윤리적**이다. 윤리성은 물론 인간의 자기 자신과의 합치에서 존립한다. 윤리성의 반대, 즉 윤리성에 대립하는 인간의 나쁜 원리는 그러므로 **감성** 일반이 아니라 전적으로 **개별적인** 것이다, 모든 사람은 조화와 배치되는 자기만의 나쁜 원리를 가지고 있으니 따라서 이의 극기에서 윤리성과 덕은 존립한다.

고대인들의 여러 도덕체계들을 우리의 원리들과 비교하기

에피쿠로스의 원리는 **고상한 신적인 기쁨**이다. 그는 그래서 **도덕과 종교**를 완전히 혼동했다. | 그의 도덕은 난파한(verunglückte) 종교이다. 따라서 그의 체계는 도덕체계로서는 전적으로 거부되어야 한다. 포에지의 옷을 입을 때에나 그것은 만족을 줄 수 있다. 예컨대 **루크레티우스**가 환희를 미의 여신으로 의인화하여, 그 여신을 기쁨의 어머니로 노래했을 때 그것은 포에지로서는 매우 훌륭할 수 있다. 그러나 그것으로 도덕에 대한 모든 사상은 사라진다. 게다가 그것이 도덕체계로 제시되어야 한다면 모든 이의 건전한 감각(상식, gesund Sinn)은 그에 대한 반감을 지닐 수밖에 없다.

에피쿠로스가 한 걸음만 더 나아갔더라면 그는 포에지로 넘어갔을 것이다. 그러나 그는 모든 판타지를 부정하였으며 감각만을 인정하였다.

우리가 **조건부로**(bedingter Weise) 타당하게 여기는 고대인들의 두 번째 도덕체계는 **견유주의**(Cynismus)이다.

이 도덕에 의해 **개체성**의 요소 또는 준칙(Maxime)은, 만덕(萬德 alle

Tugend)으로 간주될 정도로 고양된다. | 그런데 견유주의에서 특유한 것은 **인간사회로부터, 즉 의견들과 선입견들로부터 완전히 동떨어져서 지내야 한다는 점**이다.

여기에는 물론 도덕에서 가장 본질적인 것, 즉 **독자성**이 포함되어 있기는 하지만 견유주의의 도덕을 갖고는 형성(Bildung)에 대해서는 결코 생각할 수가 없는데 왜냐하면 인간은 사회에서만 자기를 형성할 수가 있기 때문이다. 이 도덕을 갖고는 게다가 어떤 **정치**도 전혀 가능하지가 않다. 이와는 전혀 다른 입장이 **스토아주의**이다. 이 체계에서 가장 본질적인 것을 사람들은 **인간의 신성이라는 가장 가치 있는 개념 안에, 또한 가장 강력한 경향을 외적 활동성**으로 정립한다. 이 체계에 따르면 **정치**는 가능할 뿐만 아니라 단적으로 요청된다. 우리는 그래서 이 체계를 조건 없이 받아들인다. 왜냐하면 우리의 도덕 원리들과 합치하기 때문이다. 스토아주의 도덕은 또한 본질적 | 으로 **플라톤주의**와 다르지 않다.

도덕은 인간의 힘으로부터 나온다. 이 힘은 그러므로 오로지 인간에게 귀속되어야만 한다. 인간은 마땅히 자신의 개체성을 발전시켜야 한다. 자신의 힘을 발전시키는 최초의 지점은 순전히 인간적이어야만 한다. 그런데 인간에서 고유한 것은 의식, 곧 오성이다. 모든 힘은 따라서 오성의 힘이 된다. 그런데 그 힘을 활동성 속에 정립하는 것, 그것은 바로 열광이다. 모든 힘과 역량은 열광을 통해서 비로소 가능하며, 열광으로부터 나온다. 모든 참된 열광은 정신의 역량을 발생시킨다. 활동성과 힘을 통해서 외화될 수밖에 없는 열광은 그러나 고요나 조화, 미와 관계하는 것이 아니라 그 본질상 평온을 방해한다. 따라서 그의 원천은 자연, 즉 **유기체**

이다.

이로부터 다음과 같은 **기준들**이 나타난다. |

용기에 대한 하나의 기준은 그 **최초의 원천이 열광이었는가, 아니었는가,** 이다. 그런데 스스로 열광을 과시하는 사람들은 많으나 바른 열광을 지니지 못한 경우가 많다. 우리는 그래서 열광의 기준 또한 모색하지 않을 수 없다. 그 기준은 이렇다. 열광은 힘을 통해 드러날 때 참되고 바른 것이다.

고대인들의 모든 가장 주목할 만한 도덕은 각기 고유한 삶 혹은 삶의 궤적을 만들어냈다. 반면 예컨대 도덕을 이기심에 근거한다고 본 **엘베시우스**와 같은 근대 도덕론자들의 체계나 도덕을 다기한 감정들에서 도출한 영국 도덕론자들의 체계는 반박이 가해짐에 따라 사라지게 되었다. 고대인들의 도덕은 전적으로 다르다. 오랜 세기동안 유지될 수 있는 도덕에는 모두 그럴만한 내적 에너지가 있는 것이다. 그리고 지금 우리는 이미 에피쿠로스주의자나 스토아주의자가 했던 생각을 알고 있다. |

견유주의에서 주목할 것은 우리가 자신의 상황에 대한 반성을 통해 윤리성의 기초—즉 독자성—로부터 과연 얼마나 쉽게 멀어질 수 있는가; [역으로] 독자적이기 위하여 일체의 인간사회로부터 과연 얼마나 쉽게 떨어질 수 있는가 하는 점이다. 그러나 참된 독자성은 사회에서만, 관계 (Verbindung)에서만 가능한데 왜냐하**면** 이곳에서 독자성의 본성과 원칙들은 진정으로 유지되는 것이며, 그것이 바로 독자성이기 때문이다. 투쟁에 참여하지도 대립자(Gegner)를 인정하지도 않는다면 독자적인 예술 (Kunst)이란 있을 수 없다고 할 수 있다.

윤리성의 준칙들은 대개 다음과 같은 명제들로 환원가능하다:

1) **너 자신을 알라**. 즉 네 이상을, 그리고 이상추구에 반(反)하는 개인적인 장애물을 탐구하라.

2) **자연에 맞게 살아라**, 혹은 **자연에 복종하라**, 그러나 사람들이 흔히 이해하고 있는 것처럼 이는 **예술을 멀리하라**는 뜻이 아니다. 그렇지 않다. 예술은 자연과 동일하다.

그런데 그러한 준칙들보다 훨씬 더 중요한 것은 제시된 원리들의 기준들이다. 그 기준들은 ㅣ원리들로부터 그것의 적용으로 넘어가도록 하며 바로 거기서 기준들 또한 검증되는 것이다.

그와 같은 기준들에는 다음과 같은 것들이 있다. 1) **명예**의 기준 - **누군가가 미개함을 부끄러워하는가, 그렇지 않은가**, 즉 참된 명예는 윤리적인 것이다. 2) **감정과 충동의 기준 - 그것들이 아름다운지, 즉 그것들이 조화와 결부되며 그로부터 해명이 되는지**.

감정과 충동에 기초한 모든 덕들은, 예컨대 선행, 겸손(Demut), 참회(Reue) 등등은 사랑과 결부되어야만 한다. 그 가치의 조건은 아름다움이다. 아름다운 참회, 아름다운 겸손은 칭송할만하다. 그것에 의해서만 겸손과 비굴은 구분된다.

철학자는 종교와 도덕의 경계를 분명히 규정해야만 한다. 그렇지만 그가 양자 간의 혼동을 항상 피할 수 있는 것은 아니다. 예를 들어 **사랑과 명예**의 경우처럼 말이다. 다음과 같은 매우 주목할 만한 예가 있다. ㅣ사람들은 그리스도가 도덕을 가르쳤으며 그것도 그리스도가 **원수를 사랑하라**고 했다는 점에서 **스토아주의자**보다 더 순수한 도덕이라고 주장해왔다.

소크라테스적인 철학자들은, 반면에 친구들에게는 가능한 한 많은 선을 베풀고 적들에게는 가능한 한 많은 해를 입히라고 가르친다.

우리들 각자는 양자를 각각의 영역에서는 매우 잘 받아들일 수 있으며; 게다가 양자를 서로 통일시킬 수도 있다.

적들에게 해를 입히도록 모색하라 등의 소크라테스적인 스토아주의 도덕은 고대인들이 그것을 이해했던 방식을 이해한다면 전적으로 인정하지 못할 것은 없다. 이는 이렇게 이해되어야 한다. 사람들은 자기가 원하는 직무(Geschäft)를 택할 것이며 대립자, 적을 늘 보게 될 것이고 오성은 이를 곧 그에게 암시하는데 이는 어떤 반감이 아니다. 자아를 실현하고자 하는 것이 목적이라면, 자아를 이끄는 것이 직무라는 생각은 **전적으로 올바른 것**이다. 왜냐하면 그것이ㅣ목적이 아닐 수 없기 때문이다. 그래서 원칙 또한 타당하다. 나의 목적과 나를 일치시키도록 독려하는 친구들에게 선을 행하는 것은, 또한 나의 정당한 직무에 배치되는 즉 나와 나의 목적에 배치되는 시도를 하는 적들에게 가능한 한 많은 해를 입히는 것은 타당하다. 상황(Sache)을 특정하기 힘든 정치적인 사실(Faktum)의 경우를 예로 들 수 있겠다. 군주제를 바라는 당파와 공화제를 바라는 당파가 있다. 여기서 자신의 적에게 해를 끼치는 것이 도덕적일 수 있는 경우가 발생한다. 그러나 그 경우에 자기의 상대자를 **미워해서는 안 될 것**이다. 상대자가 말 그대로 인간인한, 인성이 평균 이하가 아닌 한 말이다.

그렇다면 어떻게 이것과 **원수를 사랑하라**는 그리스도의 말을 통일할 수 있을 것인가? 후자는 영역이 전혀 다르다는 점을 주목해야 한다.

예수의 말은 항상 전적으로 실천적인 것으로 설명되어왔다. 그러나 그렇지 않다. ㅣ **예수**는 **사랑**만을, 그것도 아무런 단서(Deutung)도 없는 사랑을 가르쳤다. 그러나 그런 사랑은 바랄 수가 없다. 따라서 그 사랑은 명령(Gebot)이 아니라 호소(Aufruf)이다! 모든 준칙, 모든 술수는 그와 더불어 사라져야 하며 열광의 불꽃으로 분출되어야 한다.

그러므로 어떤 사람이 실천적·도덕적 측면에서 그의 상대자에게 해를 입히는 것과 종교적 측면에서 저 호소에 맞게 살아가는 것은 전적으로 통일될 수 있다. 종교적 인간에 있어서 각각의 모든 인간은 하나의 새로운 계시, 즉 자연의 상징이며, 사랑의 성전이다. 종교적 인간에게 각각의 모든 인간은 마치 자연이 다르게 발현·발전된 것처럼 보인다. 종교적 인간은 또한 실제로(in der Praxis) 그에게 해를 끼치고자 할 때, 그를 사랑하게 된다. 전체로 볼 때 종교의 영역에서는 한 인간에게서 그 실천[남에게 해를 끼치는 실천]을 완전히 사라지게 함에 틀림없다.

제시된 기준들 중에서 우리는 **용기**에 관한 무엇인가를 또한 발견하였다. 즉 참된(ächte) 용기는 일체의 동물적인 것을 배제해야만 한다. 참된 용기란 신성을 분유(分有)하는 한에서 인간에게 고유한 것이다. 기준은 이렇게 된다. **그 힘은 덕이며 덕의 제일의 원천은 열광이거나 혹은 열광일 수 있겠다. 왜냐하면 우리는 그것을 알 수 없기 때문이다. 그리고 (참된) 열광은 힘을 통해 입증되는 것이다.**

열광은 고대인의 종교의, 아니 **고대인의 삶**의 고유한 원리이자 영혼이며 정신이다. 그것은 비범한 힘이므로 요즘 시대와는 구분된다. 하나의 유기체로서의 이러한 자연관이야말로 이론의 여지없이 이 힘이 흘러나오는 원천이다.

신적인 것은 두 가지 모습으로만 의식된다. 즉 1) 전적으로 **주관적인 사**

랑으로. 2) 전적으로 **객관적인** 유기체로서의 자연으로. |

사랑이 존재함을 증명하기 위한 **기준**. 일체의 감정과 충동들은, 따라서 모든 공감적인 덕들은, 만약 그것들이 아름답다면 사랑을 가리키는 것일 수 있어야만 한다. 그러나 우리가 **사랑**을 자기 자신에게 돌리든 혹은 다른 누군가에게 돌리든 무언가에서 그것[기준]을 볼 수 있는가 아니면 볼 수 없는가? 그것은 **차라리 우정에서 가능한 것이 아닐까.**

도덕과 종교는 사랑과 결부되어 있다. 종교와 정치가 결합되는 곳은 언필칭 사랑이다. 따라서 사랑은 정치의 세 가지 개념에 적용 가능해야 한다. 사정은 마찬가지다. **공화국은 조국애** 없이는 생각할 수 없다. **가족**에게는 당연히 사랑이 있어야만 한다. **위계** 또한 **사랑**이외에 어떤 다른 질료(내용, 실질Materie)도 지니지 않는다.

공감적인 덕들[52]에 있어서 모든 것은 사랑과 결부되어야 하며, 따라서 그 덕들은 전혀 의무적인 덕들이 아니다. | 또한 그래서 그 덕들은 명예와 결부되어 있는 저 덕들보다 자유로운 것이자 무규정적인 것을 자체 내에 담고 있다. 따라서 이 덕들에 대한 기준은 이미 발견되었다. 즉 **그 덕들이 아름답다면 그 덕들은 윤리적이다.** 위에서 참된 열광에 대한 하나의 기준을 부여해야만 했듯이 사랑의 경우에도 이는 마찬가지이다. 참된 사랑은 또한 행동들을 통해서 입증되어야만 한다. 따라서 **누군가가 우정에 능한지 아닌지**가 참된 사랑의 기준으로 제시될 수 있다. 어떠한 것도 우정만큼 사랑의 원리를 순수하게 드러낼 수는 없다.

---

52) 이러한 덕들은 주로 근대 도덕론자들에서 나타난다.

우리는 여기서 또한 오히려 **법적인 것**에 가까운 몇 가지 개념들을 해명하지 않을 수 없다. 이는 선의지, 순수한 양심, 그리고 그와 반대되는 **존경(Achtung)에 기반한 의무의 완수**이다.

선의지는 | 사랑이 우세한 곳에 어울리는 정조(Stimmung)이다. 반대로 **의무의 충족**은 한 사람이 전적으로 존경과 관계하는 곳에 고유한 정조이다.

(이는 전혀 책잡아서는 안 되는, 순전한 자의의 활동ein Spiel der Willkür이다. 전적으로 존경과 결부된 그러한 사람은 모든 것을 자기에 대한 의무로 간주하며 자기 스스로 만든 어떠한 작은 규칙이라도 완수하지 않는 것을 불명예로 여긴다. 그러나 이러한 사람은 행여 자신의 목적을 그르칠 경우 소심해지기 쉽다.)

두 번째 개념, 즉 **순수한 양심**이란 **자각적**이며 자신의 의무를 완수하는, 선의지를 지닌 **사람의 의식**이다.

칸트의 도덕에는 이 개념들에 대한 언급이 많다. 그러나 거기에서 이 개념들은 종교와 결부된다.

경험과 이성을 구분하는 것이 칸트의 견해이다. 그것으로부터 그의 이론철학과 실천철학의 모든 본질적인 부분들이 도출된다. 그는 부자연스럽게 분리를 하였기 때문에 다음과 같은 결과가 나타났다. | 즉 이성은 논리학에서와 같이 **형식적**(formell)일 뿐이다. 게다가 이성은 어떤 내용적인(materiell) 것이길 원하지만 신의 존재증명에서와 같이 공허하며 부실하다. 그래서 그는 이론적인 것에는 순수이성이 없으며 순수이성은 실천이성에나 있는 것일 수밖에 없다고 주장하였다.

칸트는 그런데 도덕 세계에 대해 뉴턴의 중력(Schwere)법칙과 같은 보편적인 법칙을 수립하고자 하였다. 그는 객관적인 것을 확고히 하고자 했으며, **그래서 그의 도덕은 내적 인간의 법학(Jurisprudenz)이 되었다. 종교는** 그에게 도덕의 출발점(Anfang)일 뿐이다.

이상(以上)에서 제시한 칸트의 개념들이 왜 그토록 중요성을 지니는가 하는데 대한 주관적 근거가 제시될 수 있겠다. 즉 **그는 대중성을 위해 노력했다.** 이는 그의 저작 『윤리 형이상학 기초』에서 또한 잘 드러난다. 이 책에서 그는 그의 도덕을 처음으로 형성해냈다. 그의 실천이성은 이 책의 개작일 뿐이다. I 즉 자신의 철학을 그렇게 보편적으로 확장함을 통해서 그는 자신의 철학을 보다 체계화하고자 하였다.

우리는 위에서 이미 **의지의 자유**에 대한 통상적인 개념에 반(反)하는 설명을 한 바 있는데 그렇다고 해서 그 개념이 완전히 없어져야 한다는 뜻은 아니다. 이제 그 안에서 추구되어야 하는 것, 즉 **참된 것**은 우리의 견해에서 완전한 만족을, 그것도 상대편 체계[자유의지에 대한 통상적인 개념 체계]보다 훨씬 더 고차원의 만족을 발견한다. 그것은 개념으로써 모색된다. 즉 **오성의 인과성,** 그리고 **절대적 인과성** 또는 **메커니즘에서 구해내기(Rettung), 예정론(Prädestination)에서 구해내기** 등으로써 모색된다.

그런데 우리가 자유에 대한 통상적인 개념에 반하는 설명을 했다고 할 때 우리의 견해는 메커니즘을 변호하려는 것이 아니라 그것을 완전히 없애버리는 데에 있다.

우리가 그 자유[의지의 자유]에 반(反)하는 I 말을 하는 이유(Grund)는 그것이 세계의 통일을 와해시키기 때문이다. 요컨대 세계가 메커니즘으로, 인간이 절대적 인과성으로 여겨진다면 세계는 와해되며 따라서 이성도 와해된다. 그로인해 생긴 균열은 그런데 치료가 불가능하며 어떠한 실천적 요청을 통해서도 메울 수가 없다.

자유에서 추구되는 절대적 인과성과 관련하여 우리의 이론이 가르치는 것은, 메커니즘은 전혀 있을 수 없다는 것이다. 자유이외에는 아무 것도 없으며 모든 것(das All)은 절대적으로 자유롭다. 또한 인간은 자유롭다. 왜냐하면 인간은 자연 최고의 표현이기 때문이다. 인간은 자유롭다. 자연이 자유로운 것과 마찬가지로 그러하다. 다만 자연이 무조건적으로 자유롭다면 인간은 조건부로 그러하다. 즉 자연이 자유로운 한에서 자유롭다. 따라서 한 인간은 그의 자연(본성, Natur)이 자유로운 정도에 따라 다른 것 보다 자유롭다고도 말할 수 있겠다.

기계론(die Theorie des Mechanismus)이 인간의 욕구를 | 만족시킬 수 없는 또 다른 지점은 예정론을 막을 수 없다는 점이다. 세계가 일련의 필연적 법칙들로 여겨진다면 예정론은 피할 수 없다. 이는 우리의 법칙과는 전혀 다르다. 우리의 법칙에서 세계는 **하나의 유기체, 하나의 자연**이다. 우리는 우리의 행위가 어떤 성과를 낳기를, 그 성과로 말미암아 어떤 것이 출현하기를, 모든 것이 이미 결정되어 있지 않기를 바라마지 않는다. 그러나 메커니즘의 체계에 의하면 모든 것은 폐기된다. 우리의 견해로부터 순간의 중요성뿐만 아니라 현재의 중요성도 생기는 것이다.

유한자와 무한자 사이의 간극은 전모를 파악할 수 없으며 일자(das eine) 혹은 타자(das andere)를 완전하게 획정하지 않는 사람에게는 일자로부터 타자로의 이행이 결코 보이지 않는다. 이와 같은 간극은 그런데 **관념론과 독단론** 사이에도 존재한다. 말하자면 관념론은 무한자의 철학

이며 독단론은 유한자의 철학이다. |

　따라서 관념론은 본질적인 것에 관해서는 독단론과 전혀 논쟁을 벌일 수가 없다.[53] 그렇지만 실상 독단론과의 논쟁은 영원히 계속되며 훨씬 더 완성도가 높아진다. 독단론 쪽에서 문자(Buchstabe), 즉 유한자를 늘려 놓을수록 말이다. 모든 문자는 항상 불완전할 수밖에 없다. 독단론은 문자로 나타난다.

　관념론이 독단론과 접촉하는, 또한 반박을 모색할 수 있는 유일한 방법은 역사적인 것으로써, 다시 말해 현시(Darstellung)를 통해서이다. 독단론은 원리상으로는 반박할 수 없다. 게다가 독단론이 나름대로 완성도가 있는 경우라면 그것과의 어떤 논쟁도 가능하지 않다. **변증법적 방법**으로 그것과 논쟁하는 것은 전혀 도움이 되지 않는다. 이와는 반대로 변증법적 방법은 우호적인 논쟁에는 매우 좋다. 즉 본질적으로 정신에서는 일치하고 문자에 관해서만 논란이 될 경우, 변증법적 방법으로 논쟁을 벌이는 것이 안성맞춤이다.

　이미 말하였듯이 독단론을 반박하고자 한다면 | 역사적으로 대처하든지 혹은 또 다른 가능성인 현시를 통해 처리하든지 해야 한다. 최고의 독단론자들을 이용하여 소위 독단론의 체계를 그 최대한의 범위에서 현시함으로써 말이다. 그래서 독단론자 자신들보다 그 전체를 훨씬 더 완벽하게 현시함으로써 말이다. 즉 독단론자들의 모든 것을 하나로 결합시켜야 한다. 이제 그것[결합의 과제]은 이 철학에 정통하고 싶은 사람이든, 반대 입장의 철학에 정통하고 하고 싶은 사람이든 각자에게 맡겨져 있다.

---

53) 유명한 격언에 의하면 **원리를 부정하는 사람과는 토론을 할 수가 없다**(contra principia negantem non est disputandum).

관념론이 논쟁을 벌이는 유일한 동기는 전적으로 독단론과 결별하려는 노력(Bestreben)이다. 또한 문자를 더욱 더 완성하려는 노력이자 또한 그를 통해 개별자 속에서 철학이 발전하도록 마음을 쏟는 노력이다.

의지의 자유의 보편적인 경향은 1) **개념 혹은 오성의 인과성**, 2) **절대적 인과성**이다.

가장 결정적으로 우리는 이를 이렇게 표현한다: 용기와 결단력을 갖고 또한 열의를 갖고 행위하기 위하여 우리가 요청하는 것은 | 우리의 행위에 따르는 성과가 있어야 한다는 것, 아직 모든 것은 결정된 것이 아니라는 것이다. 이 요청은 그런데 우리의 견해에 따르면 완전히 충족된다.

우리의 이론으로부터 도출되는 것은, 오성은 의식의 최고 능력(Potenz)이며 따라서 오성은 인과성을 지닌다는 점이다. 모든 힘(Kraft)은 물론 오성의 힘이며 정신의 능력(Stärke)이외에는 어떠한 능력도 존재하지 않는다.

사람들은 의식으로부터 현존재로 이행하는 것을 가장 어려운 것으로 간주해왔다. 그러나 이 어려움은 우리의 견해로는 전혀 일어나지 않는다. **의식**과 **현존재**는 여기에서 하나의 전체로 결합된 지절들로서 나타난다.

의지의 자유개념에서 추구되는 두 번째 것, 즉 절대적 인과성에 관하여 우리의 이론은 이렇게 말한다. **전체**는 무조건적으로, 즉 절대적으로 자유로우며 그 부분들은 조건부로 자유롭다. 여기서는 순간(Augenblick)이 가장 중요한 것이다. | 순간은 과거와 미래의 산물이다. 순간은 여기서 **전능**하며 또한 그래서 제약적인 방식으로[조건부로]라도 인간에게 전능을 부여할 수 있을 것인데, 그의 힘, 즉 오성이 모든 것을 넘어서 확장될 수 있

음으로 해서 그러하다.

　의지의 자유 개념 대신에 우리는 여기에 다음과 같은 명제를 내세운다. 덕은 전능하다! – 전능이란 곧 활동성, 즉 전체 자연의 형성(Bildung)에 관계하는 활동성이다. 덕이란 인간이 자기 존재의 온 힘을 다해 전체의 선을 위하겠다고 결심하도록 하는 성품(Beschaffenheit)을 말한다.

　신의 존재(Dasein)와 각(各) 사람(jeder)의 불멸(Unsterblichkeit)이라는 두 개념이 모든 철학의 전환점이었다는 주장은 옳지 않다; 이는 스콜라철학자들에 이르는 시기 이상을 넘어설 수 없다. 이들은 이 개념들을 입증하고자 했으며ㅣ그것을 통해 교회신앙과 타협하고자 하였다. 이들 이전의 철학에서는 이 개념들에 대해 어떠한 논쟁도 회의도 전혀 발생하지 않았으며 적어도 이들이 했던 것처럼은 아니었다. 데카르트는 이 관점에서 아직 스콜라철학자들에 속한다. 이들과는 반대입장(Opposizion)에서, 그는 어떠한 권위도 인정할 수 없음으로 인해 항상 논쟁과 회의로 되돌아왔다. 신의 존재증명에서 나타난 데카르트의 소심함은 그와 같은 부류의 철학의 특징이다. 신의 존재증명은 스피노자에서야 비로소 종결된다. 이 사람은 바른 길에 도달하였다. 그는 이 개념들에 다른 모습을 부여했다. 그는 그것들을 보다 높은 차원에서 해결하였으며 그래서 그를 이해하면 전체가 해결될 수 있을 것이다. 그는 예컨대 자유의 개념을 인간의 순수 오성에 내재한 신성 개념으로 해결하였다. 스피노자에 대해서만큼은 재고할 것이 전혀 없다. ㅣ그래서 라이프니츠와 칸트에게서도 그렇듯 유지되었던 것이다. 이 개념들에 관해 이와 같은 견해[스피노자의 견해]는 피히테가 등장하기까지는 늘 지속되었으며, [피히테 이후] 이 개념들은 다시금 보다 높은 차원에서 해결되는 것이다.

논쟁은 오로지 저 참된 개념들이 전체를, 즉 세계(die Welt)를 또한 이성(die Vernunft)을 분리하여 표현하는가 아니면 전체를, 즉 세계와 이성(die Welt und Vernunft)을 통일·결합하여 표현하는가에서 기인한다.

통상적으로 이해되듯 이 개념들은 전체를, 자연을, 그리고 또한 이성을 나눈다. 통상적인 신(神) 개념에 의하면 자유는 공허한 말이다.

전체는 **하나의 자연**일 뿐이라는 우리의 견해에 따르면, **신의 존재와 불멸**의 개념에서 **참된 것**은 일체의 입증(Demonstrazionen) 대신에 다음과 같은 말로 규정된다. **모든 현실적인(Wirkliche) 것은 | 신적이며, 모든 선은 불멸적이다.**

신의 존재, 불멸 그리고 **자유**라는 세 개념에 관한, 통상적이고 지금까지도 여전한 사유방식은 이성과 특수한 지로서의 신앙을 분리하는데서 기인한다. 예컨대 이론 이성은 이 개념들에 대해 어떠한 해명도 해주지 못하므로 사람들은 자신의 도피처를 도덕적 신앙에서 구한다. 사람들은 이 개념들을, 통상적인 견해에 의거해서는 **알 수**가 없기 때문에 그것들을 그저 믿는 것이다.

이 개념들은 이제 하나의 강력한 비판에 처하게 된다. 왜냐하면 그 개념들을 둘러싼 논쟁과 이성과 신앙의 분리는 아직도 지양되지 않았기 때문이다.

두 명의 걸출한 사상가, 즉 스피노자와 피히테는 이 개념들을 보다 높은 차원에서 해결하였다. 스피노자는 예컨대 **자유를 오성을 통한 인간의 신성**으로 해결하였다. 피히테는 **신의 존재** 개념을 보다 높은 차원에서 해결하였다. | 우리는 이 개념들 대신 명제들을 정립하였다. 그 명제들은 참

된 것을, 그 개념들에서 모색된 것보다 훨씬 훌륭하고 보다 완전하게 표현한다. 자유 대신에 우리는 **덕은 전능하다**는 명제를 내세운다. 여기서 참된 자유개념이 무엇이며 어느 정도나 참된 개념일 수 있는지가 적확하게 표현된다. 인간의 덕은 전체로 확산되는, 전체를 파악하는, 전체의 형성(Bildung)을 추동하는 힘을 지닌다. 그런데 인간은 어떻게 전체를 파악할 수 있는 것인가? 인간의 **오성**은 전체에 관여하며, 또한 인간의 힘은 오성의 힘이기에, 우리가 우리 안에서 그리고 우리를 통해 행하는 바로 그것이 전체와 관계한다는 점 또한 희망해도 되는 것이다. 이런 **희망함**(Hoffen)이 우리를 이제 2번째 개념, 즉 **불멸**로 이끈다.

이 개념은 다른 개념들과 마찬가지로 **교회신앙**이 불러일으키는 확고한 신앙고백에 곤란을 야기한다. 이 개념은 모두에게 모든 것임에 틀림없을 것이며 │ 인간이 도덕적이고 종교적인 관점에서 느꼈을 욕구를 충족시키기 위해서 이 개념들은 확고해졌는데 이를 통해 참된 것과 그릇된 것 간의 혼란이 생기게 되었다.

불멸의 요구에 놓인 가장 흔한 바람(Wunsch)은 **경험적 현존재의 무규정적 영속(Fortdauern)**이다. 이 바람에 대해 우리는 더 이상의 가치를 인정할 수가 없다. 이런 한갓된 바람의 대척점에 **영혼의 본성(Natur)으로부터 불멸을 설명하고자 하는** 사변이 자리한다. 이때 이것이 다소 성공적으로 정립되었다 해도 사람들을 만족시키지는 못하는데, 그 까닭은 그것이 **개인성**(Persönlichkeit)의 영속에 대해 어떤 성과도 내지 못하였으며 또한 그렇기 때문에 그것은 항상 문젯거리가 아닐 수 없었기 때문이다.

개인성의 영속에 관한 우리의 철학적 견해는 이러하다. 즉 개인성의 영속은 무조건적으로 인정되지도 완전히 │ 폐기되지도 않는다. 개인성의 영속에 대한 바람은 다른 한편으로는 매우 옹색한 것일 수 있는데, 왜냐하면 비참한 삶의 영속이 우리에게 무슨 도움이 되는가?

따라서 우리는, 개인성의 영속을 통해 이해할 수 있는 것이 무엇인지를 보는 어떤 기준을 물색하지 않을 수 없다. 즉 **개인성의 영속이 조건적, 상대적으로만 소망되는지 아니면 절대적이고 무조건적으로 소망되는지**가 요체이다. 후자는 절대적으로 비종교(Irreligion)의 요구이다. 왜냐하면 우리가 만세토록 영원히 우리의 개인성을 유지할 수 있다면 그것으로 종교는 불가능 해지기 때문이다. 종교란 전체와의 통일 속에서야 존립하며 그 최종 목적은 신성 혹은 절대적 동일성이며 따라서 거기서 모든 개인성은 중지되기 때문이다.[54] 종교는 마치 죽음에 대한 동경 같다. 그러나 개인성의 이 영속이 **조건[제한]적**이고 **상대적**이라면 사정은 전혀 다르다. 여기서의 | 영속은 **순수하게 도덕적**이며 **인간이 자기를 도야하려는 관심에서** 나온다. 왜냐하면 인간이 자기 존재(Wesen)가 갑자기 소멸된다고 믿는다면 어떻게 그가 자신을 이상적으로 만들고자 노력할 수 있겠는가. 따라서 인간이 자신의 이상을 위해 노력해야 한다는 것은 그가 자신의 힘과 자신의 개체성[인격, Individualität]의 도야를 통해 제한[조건]적인 방식으로, 다시 말해 개인적으로 영속된다는 희망을 그에게 준다. 이 바람(Wunsch)은 또한 우리의 철학과 완전히 부합한다. 반대 입장은 그러나 우리의 철학과는 어긋난다.

우리는 따라서 **불멸**의 개념을 그 참됨이 뚜렷하게 드러난 다음과 같은 명제로 표명한다. 즉 **모든 선한 것은 불멸적이다.** 덧붙여 이론적으로 참된

---

54) 종교는 인간이 자기의 개체성(Individualität)을 벗어버리고 자기 자신을 극복하는 데에서만 존재할 수 있다.

것은 바로 그것, 즉 '**실재적인 것은 실재적이다**'이다. 여기 도덕적 영역에서 실재적인 것은 **선한 것**을 의미한다. 이는 그러나 **전체는 실재적이며, 개별자는 전체 속에서만 존재한다**는 철학에서만 통용된다. |

따라서 모든 것은 **하나[일자]**이며 이 하나[일자]는 **자유로운 것, 생동하는 것**이 확실한 만큼이나 확실하게, 각 사람은 자기 안에 실재하는 것이 불멸한다는 것을 희망할 수 있고 또한 알 수 있는 것이다.

통상의(gemeinen) 개념에서 개인성의 영속은 위로부터의 행운으로, 따라서 인간은 수동적으로 관계하는 행운으로 기대한다. 우리의 견해에서는 반대로 인간이 솔선해서 불멸하도록 만들어야만 한다. 자신의 힘과 활동을 통해 인간은 자신의 영속을 확신하며, 또한 영속을 선물로 받아들이지 않는 것이다.

따라서 그 바람은 이상적인 것의 영속으로, 즉 실재하는 것으로 제한되지 않으면 안 된다. 그러나 그것은 전체에서만 또한 인간의 고유성에서만 정립될 수 있는 것이기 때문에, 그 희망은 **아름답고 선하며 참된 것**이 영속하지만 그러나 제한[조건]적으로만, 즉 전체와의 관계에서만 영속한다는 희망이다.

3번째 개념인 **신의 존재**도 그러하다. | 우리는 이 개념의 참됨을 다시 명제로 표현한다. **모든 현실[실재]적인 것(alles Wirkliche)은 신적이다.** 자연만이 **존재하며**, 모든 것은 하나이다. 그리고 이 하나, 즉 전체는 자유롭고 생동하며 유기적이다. 개별자는 제한적으로[조건부로] 자유롭다. 유한자는 전혀 존재하지 않으며, 전체와의 관계에서만 존재한다. 또한 이 전체는 **절대적인 예지(absoluten Intelligenz)**와, 혹은 **신성의 사상(Gedanken der Gottheit)**과 동일하다. 그것[전체]은 **신**보다는 **신적인 것**이라고 말하는

게 더 좋다. 왜냐하면 신적인 것은 **상징적**으로만 현시될 수 있으며, 또한 그래서 신인동형론도 필연[필수]적인데, 그것은 종교로 가는 필연적인 매개(Mittel)이기 때문이다. 철학의 경계 안에서는 순전히 신적인 것에 대해서만 언급을 할 수 있는데, **신**은 이미 **특정한(bestimmt) 상징**을 나타내기 때문이다. 상징적 현시의 비판은 신이라고 말해야 할지 신들이라고 말해야 할지를 결정지어야만 한다. |

전체와 관계하는 것은 현실[실제]적이며, 또한 신적이다. 그런데 사람들은 전체와 관계되지 않은 것, 따라서 현실적이지 않은 것을 신적인 것이라고 여길 수가 있다. 이로부터 나오는 견해는 벌어진 일들(Begebenheiten)을 **운명**(메커니즘으로 여겨지는 것이 아니라 전적으로 무규정적인 자의성으로 여겨지는)**과** 연결 짓는 것 이외에 다른 것이 아닐 것이다. 사람들은 특정할 수는 없지만, 고귀한 목적을 삶에서 발견할 수 있으며, 그렇지 않고 운명을 특정한 상징과 연결 지을 수도 있다. 운명은 어떤 상징과도 어울리며, 상징이 전혀 없어도 존립한다.

벌어진 일들과, 이 모든 것을 무규정적인 것·신적인 것과 연결 짓는 운명의 관계는 – 이를 운명론이라고 부르고자 한다면, 이는 자유 및 전능과 썩 잘 어울린다. 그것은 아마도 **스토아주의자**에 의한 것이다.(메커니즘적 견해를 따르는 운명론을 말하는 것이 아니다.) | 그래서 사람들은 과거를 종교적인 것으로, 다시 말해 현실적이었던[실재했던] 모든 것은 신적인 것이었다고 간주할 수 있는 것이다. 그러나 그로부터 발생한 이 종교적 정취(Stimmung)는 미래의 희망이 부가되지 않거나 마땅히 일어나야 할 것, 즉 신적인 것과의 관계가 부가되지 않는다면 일면적이 된다.

우리는 선이 항상 우월하다는 것을 희망해도 좋다. 왜냐하면 **선한 원리**

가 세계에서 우월함을 지니게 된다는 것은 '현실적인 것은 신적이다'라는 명제와 같은 의미이기 때문이다.

철학은 세 시기로 나뉜다. **첫 번째 시기는 철학이 자기 자신을 구성하는 시기[철학의 형성기]**이다. 이때 철학은 엄격하게 자신의 방법에 의거하여 수행되어야만 하며, 도식(기본틀, Schema)이 올바르게 파악되어야만 하며, 문자가 정확하게 구분되어야만 한다. 진정한 철학자는 모두, 언제나 철학의 구성에서 많든 적든 고유성을 지니게 된다. ㅣ

두 번째 시기는 철학이 자기 자신을 벗어나서 삶의 철학(LebensPhiloso phie)[55]으로 되는 시기이다. 여기서 철학은 자기 방법의 엄격함으로부터 방면되며, 또한 여기서 관념론과 독단론도 접촉을 한다. 양자를 연결하는 매개항[중간항]은 **상식적인(gemein) 사유방식**이다. 여기서 논조(Vortrag)는 생동적이지 않으면 안 된다. 강력한 자극을 통해서, 즉 선입견들을 뒤흔듦으로써 말이다. 첫 번째 시기에는 철학 그 자체만으로 가치가 있지만 이 시기에는 삶이 관건이다. 즉 여기서는 삶이 결정적인 목소리를 지니고 있지 않으면 안 된다.

세 번째 시기는 철학의 자기 자신으로의 귀환[복귀]이다.

철학에서 이 구분은 옛날부터 있었던 것이다.

우리는 지금까지 두 번째 시기에 종사해왔다. 다시 말해 **삶의 철학**에 종사해왔다. 우리는 마침내 자유, 신성 그리고 **불멸**의 개념을 바로 잡았다. ㅣ 불멸의 개념은 순수하게 도덕적이다. 왜냐하면 그 개념은 종교적인

---

55) 삶의 철학은 한 철학자의 철학으로부터의, 그리고 그의 삶으로부터의 산물이다.

것과는 거리가 매우 멀어서 종교를 무화시키기 때문이며, 종교에 의해 제한되지 않기 때문이다.

우리가 이 개념들을 규정할 때 그러했듯이 그 안에는 능동성(Activität)에 대한 가장 강력한 요구가 들어 있다. 반면 통상적인 견해는 수동성(Passivität)으로 나아갈 수 있을 뿐이다. — **덕**의 관점에서 표현을 해보자면 사람들은 자의(Willkür)로는 평정을 찾지 못한다는 것이다. **모든 현실적인 것은 신적이다**라는 명제에는 능동성에 대한 최고의 요구가 자리한다. 즉 우리는 종교 아래에서 발생할 수 있는 조건을 제시할 수 있다. 현실적인 것 혹은 신적인 것을 비현실인 것과 구분함으로써, 자기의 개체성을 사상[추상]하여 자기 자신을 정신[영]적으로 무화시킴으로써 말이다. 즉 사람들은 능력과 관련하여, 자기 자신과 모든 것을 사상[추상]하는 것보다 높은 어떤 것을 요구할 수 없다. |

자연은 생성하는 신성이다. 이 견해로부터 공동체가 생겨나며 공동체 속에서 우리는 신성과 마주한다. 반면에 늘 벌어지고 있듯이 신성이 현존재로 사유된다면 신성과의 모든 결합은 기만이다. 관념론은 통상적인 개념에 반(反)하여 설명을 하지 않으면 안 된다. 왜냐하면 통상적인 개념에 의하면 자연과 이성은 분리되기 때문이다.

두 개의 근원사실들(Urfakta), 즉 이원성과 동일성은 그 자체로 신이다. 그것들을 단순히 순수하게 이론적으로가 아니라 판타지를 갖고, 사랑을 갖고, 그리고 삶과의 관계에서 생각한다면 신이라고 생각된다. 그것[신]을 모든 민족들은 자신들의 종교를 통해 나타내고자[현시하고자] 한다. 고대인의 **신화**에서는 이원성의 근본사실을 발견한다. [고대인의] 신적인 것에 대한 모든 현시에는 두 가지 요소들이 있었다. 그와 마찬가지로 **기**

독교에서는 동일성의 경향이 보인다. 따라서 | **고대의 종교는 과거의 종교**이며 **기독교는 미래의 종교**라고 할 수 있겠다. 사람들은 신적인 것을 현실적으로 발생하는 일로, 현실적으로 생성되는 것으로 간주한다. 지나간 일(das Vergangene)이 메커니즘의 산물로서가 아니라 보다 높은 것의 섭리로서 사유된다면 운명과 희망은 종교에서 가장 순수한, 가장 객관적인 개념들이다. 왜냐하면 그것들은 최소한 하나의 상징을 필요로 하기 때문이다. 그로부터 가장 자연스런 종교의 정취들이 도출가능하다. **귀의와 희망**이 그것이다.

특히 법론의 원리를 고려하여 전체를 체계적으로 서술하기

종교철학의 주안점들로부터 그 대립(Gegensatz)이 확연히 드러나지 않을 수 없는 두 가지의 종교적 | 정취들이 도출된다. 즉 1) **귀의** — 이것은 운명들과의 모종의 관계이며 희망과 일치한다. 2) 희망.

종교의 영역에서 나타나는 그것들[귀의와 희망]에서, 그것들을 두 개의 성품들(Eigenschaften)이라고 부르든 아니면 정취들, 이념들이라고 부르든 간에, 우리는 종교의 근본개념들에 상응하는 저 두 가지 덕들, 즉 **절제**와 **용기**를 해결해야 한다. 참된 절제는 **귀의**라고 해야 특징이 더 잘 드러날 수 있게 된다. 자신의 운명을 감수하는 것이 참된 절제이다. 마찬가지로 참된 **용기**는 희망 속에 용해된다.

이 철학을 통해 판타지와 열광에 주어지는 활동여지(Spielraum)가 몽상(광신Schwärmerei)에게 입구를 개방하는 것은 아니냐는 우려가 생길 수 있다. 이제 여기서 주목할 것은 이러하다. | 누군가가 순전히 유한자의 견

해 속에서 살다가 어쩌다 보다 높은 것, 즉 무한자를 알아차렸을 경우, 행보에는 위험이 따른다. 그러나 단지 위대한 것이 아니라 절대적인 동기가 거기에 있는 것을 거슬러 가는 것이야말로 위험하다. 걱정해야 할 **몽상**은 **자기 자신의 한계를 넘어서는 것[56]이 아니라 원리들의 혼동과 영역들의 혼란이다.** 도덕과 종교에 속하는 것을 구분할 수만 있으면 몽상의 모든 위험은 방지된다. 바로 양 영역의 구분 속에 몽상과 대비되는 기준이 자리한다.

어떻게 이 구분을 통해 평형을 이룰 수가 있을 것인가.

종교의 가장 중요한 이념들은 **과거**와 **미래**이다. **양자 사이의 매개항[중간항]으로 도덕이 작용한다.** | **현재**를 도덕적으로 유용하게 하는 것을 과업으로 삼고 **과거**와 미래를 종교적으로 사유하는 사람은 틀림없이, 몽상개[광신재가 되지는 않을 것이다.

열광은 고립적인 도덕에서 보다 정치에서 더욱 커다란 활동여지를 지닌다. 그러나 그와 동시에 위험에 빠질 수 있다. 즉 자기가 이루려는 이념을 커다란 열광을 가지고 붙잡으려는 사람에게는 일면적인 열광으로 인해 정치의 객관적 이념들에 역행하여 이 이념을 완성시키려는 경우가 생길 수 있는 것이다.

정치적인 열광은 준칙으로 바뀌어야만 한다. 즉 **정치적인 열광이 완수하고자 하는 것은 법적 평등의 척도에 따르는 것이다.**

이 기준은 매우 단순하며 모든 면에서 개방적이다. 그러나 아직도 위배되는 일이 혼하다. 그렇지만 이것은 원리들에는 아무런 영향을 미쳐서도 안 된다. | 전적으로 배제되어야 하는 것은 종교적 원리들이 도덕의 영역

---

56) 이런 뜻에서 한계란 없는 것이다.

에 머무르는 것이다.

자유의 이론에서는 개념의 인과성이 인간의 고유성으로 인정된다. 그것[개념의 인과성]은 인간의 본질로부터 도출되며 인간의 본질은 의식에 있다. 이 인과성은 **실천** 일반으로 우리를 이끌 수 있다(그와 동시에 [이 인과성은] 모든 윤리성과 모든 비윤리성으로부터 추상된 것이어야만 한다. 모든 윤리성과 모든 비윤리성은 사상되지 않으면 안 된다. 왜냐하면 실천 일반의 원리들은 양자 - 윤리성과 비윤리성 - 에 적용가능하기 때문이다).

실천의 원리들은 **종교적 실천**이라고 부를 수 있는 것과도 관계한다. 사람들이 종교적 실천을 인정한다면 말이다. 따라서 실천의 원리들은 실천이 전체와 관계되는 곳에서, 또한 개별자와 관계되는 곳에서 긴요하다.

일관성(Konsequenz)의 개념은 원천적으로 실천적인 개념이다. 그것은 실천에 뿌리를 두고 있다. **어떤 목적을 지향하는 것과 지속성을 갖고 그 목적을 이루고자 하는 것의 통일이 바로 그것이다.** 따라서 일관성의 개념에는 **지속성**이, 그리고 **통일**의 무규정적인 이념이 자리한다.

작용하고 있는 목적에 l 어울리는 표현은 - **동기**(Motif)이다. 이것에는 전적으로 무규정적인 개념인 어떤 **관심**(Interesse)이 밑바탕에 깔려 있다.

자신의 목적을 이루고자 할 때 의거하는 규칙은 실천과 관련한 또 다른 주개념을 우리에게 제공한다. 바로 **준칙**(Maxime)이다.

모든 목적들의 목적, 혹은 모든 것과 관련되는 목적은 하나의 **이상**이다. 그리고 그와 함께 전체가 완결된다.

우리는 지금 여기서 다섯 가지 개념들[동기, 이상, 준칙, 관심, 일관성]을 모든 실천의 근본개념들로 삼았다.

동기는 실천의 밑바탕에 깔려 있다. 따라서 그것은 한편으로는 마치 아직도 실천의 바깥에 위치하는 것처럼 보인다. 즉 실천은 그것[동기]으로부터 출발한다. 다른 한편으로 우리는 현실적인 실천의 바깥에 속하는 하나의 개념을, 즉 이상(Ideal)[57]을 취한다. 그것[이상]으로써 모든 실천은 종결된다.

나머지 세 개념들은 각각의 현실적인 실천에서 나타난다.

관심이 없어지면 실천도 모두 없어진다. 일관성이 존재하지 않는다면 어떠한 실천도 존재하지 않는다. 일관성은 준칙에 의하지 않고서는 가능하지 않다. 일관적인(konsequent) 모든 수행방식으로부터 철학자는 l 준칙을 발견할 수 있다. 준칙은 그런데 관심에 의해서도 발견된다. 누군가로 하여금 과업에 관심을 갖도록 하는 것이 그 안에 들어 있다. 따라서 우리는 우리의 방법에 의거하여 준칙을 매개념(Mittelbegriff)으로, 반면 관심과 일관성은 두 개의 종개념들(Endbegriffen)로 간주할 수 있다. **관심**은 전적으로 **주관적**이기 때문에 **긍정적인** 요소이며; 일관성은 조건이기 때문에 부정적인 요소이다. 관심은 실천의 **질료**이며, 일관성은 **형식**이다. 일관성은 전적으로 객관적이다; 일관성은 항상 동일한 것이며 한결같이 유지된다. 이제 모든 실천에서 이 요소들이 발견되어야 한다. 이 요소들이 없는 곳에서는 어떠한 참된 실천도 존재하지 않는다. 이 원리들이 순전히 도덕적인 실천과만 관계하는 것이 아니라는 사실로부터 사람들은 비도덕적인 실천의 경우에도 이 원리들이 발생한다는 사실을 확신할 수 있다. 그럼에도 우리의 개념들로부터 어떤 실천이 선하고 도덕적인가 혹은 그렇지 않은가 하는 기준은 쉽게 찾을 수 있다. 그 기준은 실천의 두 가

---

57) 동기는 실천의 최소한이며, 이상은 최대한이다. 준칙들은 무한한 매개항[중간항]을 이룬다.

지 한계개념들 안에, 즉 **동기**와 **이상** 안에 자리한다. |

　요컨대, 1) 나쁜 목적을 지닌 사람은 이루고자 하는 어떠한 **이상**도 갖고 있지 않으며, 그래서 그것은 나쁜 목적이며 그러한 한 어떠한 실재성도 지닐 수 없다. 어떤 이상도 갖고 있지 않은 나쁜 실천은 전체가 아니라 개별자와 관계한다.

　2) 나쁜 목적을 지닌 사람은 **동기**를 숨기려하거나 필연적으로 그의 실천에 있어서 부조화를 낳는, 전적으로 잘못된 것을 말하거나 하게 된다.

　실천의 원리들에는 **도덕**과 **종교**의 원리들을 가지고 수행했던 것과 같은 형식이 들어있다.

　실천철학의 과업은 삶의 이상을 구성하는 것이다. 이제 실천철학 혹은 삶의 이상을 자기 안에서 실현하려는 사람은 삶의 원리들을 올바르게 파악하여 적확하게(gehörig) 구분하지 않으면, 또한 그 원리들을 다시금 매개항[중간항]을 통해 결합하지 않으면 안 된다. 그런데 어떻게 그러한 이상 혹은 삶의 구성을 실현할 수 있을 것인가? 이 | 질문은 일반적인 물음을 전제한다. 즉 **도대체 어떻게 실천이 가능한가?** 그것은 실천을 낳는 활동과 하나의 개념을 전제한다.

　우리는 모든 실천의 범주들을 제시한 바 있다. 거기에서 주목할 것은 그 범주들이 모든 실천에 적용가능하다는 것이다.

　우리의 방법에 따라 실천의 경우에도 두 가지 요소들과 하나의 매개개념[중간개념]이 제시되며, 그다음으로 최소한과 최대한이 제시된다. **일관성**의 두드러진 특징(Merkmahl)은 전적으로 **객관적**이라는 데 있다. 그 반명제(反命題, Gegensatz)는 따라서 순전히 **주관적**인 것인데, **관심**이 바로 그것이다. 그것은 최고의 것과 최하의 것으로, 즉 최고의 순수한 사랑과 최하의 사리사욕(Eigennutz)으로 나타난다.

실천은 선행 개념(vorhergegangenen Begriff)에 따르는 과업수행(Geschäftigkeit)이다. 준칙의 지속적인 준수가 **일관성**이며, 결과(Erfolg)로서의 개념에 해당하는 것이 **준칙**이다. 준칙은 자기 자신을 위해서가 아니라 달성되어야 ㅣ 할 것을 위해서 중요하다. 이것[달성되어야 할 것]은 이상이며, 그 최초의 출발점은 동기(Motif)이다.

잘못된 실천은 동기와 이상에서 기인한다. 참된 실천을 하는 사람은 자신의 이상을 수립하는 데서 결코 곤란에 처하지 않으며, 또한 자신의 동기에 대해 즉답을 내놓을 수 없을지라도 ─ 전조(Zeichen)가 좋은 경우가 많다. 개체가 전체와의 관계에서 완성되듯이 혹은 우주가 개체를 통해 현시되듯이 이상이 개체와 우주 사이의 중간개념[매개념]이라고 할 때 잘못된 실천에서 이상을 발견한다는 것은 불가능하다.

자신의 실천에서 관계들과 고려들(Rücksichten)에 근거하는 사람의 삶은 참된 토대에 기반하고 있지 않다. 진정한 실천의 기준은 매우 단순하다. 사람들은 자신의 반성들을 자신이 어떤 실천을 원하든 그 쪽으로 향하도록 할 수 있는데, [이 때에] 사람들은 그 기준이 [원하는 쪽을 향하도록] 그렇게 적용될 수 있음을 발견하게 된다. 더욱이 종교는 가장 실천의 경계 밖에 놓인 것처럼 보이지만 실천이 운위되면 곧바로 그와 같은 기준에 예속된다. 즉 ㅣ 종교의 준칙 ─ 보편성 ─ 은 이미 실천적인 것이다. 대립적인 요소들을, 즉 도덕적 활동과 종교적 열광을 결합시키는 범주들에 따르면 결합의 문제 또한 실천적이다. 이 문제는 전적으로 **개체적**이다. 다시 말해 모든 개체는 그 조건들을 자기 자신 안에서만 발견할 수 있으며 자기 자신 안에서만 해결할 수 있다. 철학자는 대체로 처리될 수 있는 일반적인 범주들만을 수립할 수 있다.

이 범주들은 이미 사회의 범주들에서 해명되었다. 왜냐하면 이 범주들은 모든 사회에서 예외없이 통용되기 때문이다. 우리의 철학은 사회의 이상에서 출발한다. 우리의 철학은 삶의 이상을 구성하고자하기 때문이다.

흔히 **법론(Rechtslehre)**은 긍정적인 것으로 간주되며, 또한 정치는 그 하위의 것이다. 그러나 여기서는 거꾸로다. 정치(즉 사회의 학으로서의)는 여기서 **긍정적인** 것이며, 법론은 하위에 있다.

사회의 범주들은 **자유 - 평등 - 공동체**이다. 모든 오해를 불식시키기 위하여 이것들 대신에 한정된(bestimmt) Ⅰ 의미를 지니는 다른 표현들을 찾고자 한다.

실천 철학은 인간의 규정[사명]에 대한 물음으로 시작한다. 이것[인간의 규정]은 인간의 **본질**이외에 다른 곳에서는 결코 찾을 수 없다. 인간의 본질은 그런데 **오성**과 **판타지**에 있다.

즉 의식의 최고 능력(Potenz)인 오성은 **전체와 개별자의 관계가 지니는 법칙성의 특징**과 결부되어 있다.

그 반명제는 **유한자를 무한자 속으로 내모는 것, 그것에 의해서 모든 법칙적인 것이 중단되는 것**, 바로 그것이 된다. 그것은 **판타지**이다. 이 설명은 만인이 느끼는 것을 대변한다.

이렇게 말할 수 있다. 오성과 판타지는 인간성의 형식의 요소들이다. 또한 그러므로 우리는 여전히 질료를 찾을 수밖에 없을 것이며 게다가 그것은 양자에 공통적인 것이지 않으면 안 된다. 그것은 인간에게서 발견되지만 오성과 판타지처럼 모든 사람에게서 그렇게 분명하게 나타나는 것

은 아니다. 그것은 바로 **자유**이다. 그러나 그것은 의지의 자유나 윤리성의 자유가 아니라 우리가 전능이라고 부르는 | 절대적인 자유이다. 즉, **판타지의 제일 조건과 순수 오성의 최종 목적은 바로 자유이다.** 오성은 보다 높은 것으로부터 유한자에게로 작용하는 것이며 그 목적은 가상 혹은 유한자를 제거하는 것이다. 얼마나 이 목적을 달성했느냐에 따라, 이것은 우리를 **자유**로 이끈다.

한 사회가 이 자유개념에 따르면 **무정부(Anarchie)**가 된다 – 그런데 사람들은 그것을 신의 왕국이나 황금시대라고 부르고 싶어 한다. 본질적인 것은 언제나 무정부가 된다.

이 자유가 인간의 성향(Anlage)이며, 모든 사람의 궁극목적이다. 그것은 최고선이다. 그러나 그것은 하나의 이상이며, 그것은 근접치(Annäherung)로만 드러날 수 있을 뿐이다. 따라서 우리는 근접치의 조건들을 찾아내야만 한다. 이 조건들은 반명제에서만 찾을 수 있을 뿐이며 그것도 절대적인 반명제가 아니라 상대적인 반명제에서만 찾을 수 있다. 즉 자유는 이상이며, 우리는 법칙성을 통해 그와 같은 것[자유]에 근접해간다.

그러나 | 그것[법칙성]은 자유와 상충되지 않는가? 그 모순은, 법칙성이 자유를 통해 규정되며 그럼으로써 상대적인 자유가 발생한다는 사실을 통해 해결된다. 자기 자신에게 법칙을 부여하는 사람은 상대적으로 자유롭다. 또한 이는 절대적 자유로의 근접(Annäherung)의 조건이다.

우리는 지금까지 실천철학 전체를 하나의 연속적인 계열로 구성해왔다. 다시 한 번 실천철학의 시원(Anfang)으로 복귀하도록 우리를 이끄는 것은 실천적인 개념들의 결합에 대한 물음이었다. 결합의 범주들은

자율(Autonomie), **동권**(同權, 권리평등Isonomie), 그리고 **조화**이다.

실천철학은 철학이 자기를 벗어남으로써 가능해진다. 철학이 자기 자신을 구성하는 동안에는 상식이 제기하는 의문은 허락되지 않으며, 이때의 철학은 전적으로 독립적이다.[상식과는 무관하다.] 실천철학의 경우에는 전혀 다르다. 여기서는 상식이 철학에 대해 묻는 것이 전혀 배척되지 않을 수 있다. 그래서 실천철학은 문제도 일반적으로 철학에서 발생하는 것, l 즉 인간의 규정에 대한 질문이 된다. 따라서 우리도 제일의 무규정적인[불명확한] 문제에서, 즉 **인간의 규정을 찾는 것**에서 시작한다. 이 질문도 마찬가지로 관념론에 의거하여 다음과 같이 이해되어야 한다. 즉 **인간의 규정은 자연(본성Natur)과, 즉 인간의 본질과 동일하다**고 이해되어야 한다. 관념론은 이 질문[인간의 규정]을 전혀 다르지 않게 이해할 수 있다. 본질은 모든 것이 그것으로부터 규정되는(그러나 메커니즘적이지 않은) 중심이며 ─ **인간의 본질은 의식이다.** 이를 우리는 삶으로부터의 표현들로 현시하고자 한다. 우리는 이 표현들을 다음과 같은 물음을 통해 발견한다. 즉 **무엇을, 우리는 인간으로서 인정해야 하는 그 사람에게 요구하는가?** 그는 **양심**과 **자의**를 지녀야만 한다. 양심은 선과 악을 구분하는 감각이며 능력이다. 이것은 특수한 능력이 아니며 인간은 누구나 양심이 있다. 이는 그것[양심]이 발달한 의식의 시대에만 해당되는 것이 아니다. 그것은 l 선과 악의 구분과 관련된 의식이다.

자의(Willkür)는, 순간에 대해 무한한 힘을 부여하는 곳에 존재한다. 통상적으로 사람들은 자의를 두 대상 가운데서의 선택으로 이해한다. 그러나 그것은 전적으로 잘못된 것이다. 이는 개체들에게서나 발생할 수 있는 것이며 우리는 개체들에게 결코 **결정하는** 능력을 부여할 수 없기 때문이다.

물론 절대적인 결정이 부재한 곳에서는 동요하는 상태가 있을 수 있다.

자의는 절대적인 결정, 즉 무한히 많은 것으로부터 하나의 규정을 절대적으로 선택하는 것이다. 선행되어야 할 것은 **선과 악의 절대적 구분이다.** 이때 **오성**은 실천적인 인간의 한 요소이며, 이와 대립적인 다른 요소는 **판타지**이다. [양자, 즉 오성과 판타지를] 매개하는 것은 무법칙적이고 무목적적인, 절대적인 자유이다. 이것이 인간의 요소들이다. 그것들은 인간의 형식이다. **오성**과 **판타지**의 대립(Gegensatz) 속에는 **종교**와 **도덕**의 대립도 존재한다. 즉 종교는 판타지와 불가분이며, 오성은 | 도덕의 유일한 입법자이다.

철학과 실천의 매개항[중간항]은 인간이 인간으로서 행하는 모든 것의 내용을 형성하게 된다. 한계의 제거 — 그것이 바로 자유이며, 오성의 객관적인 목적이다. 미개한 실천은 가상이나 다름없다. 자유는 인간의 질료이며 최고선과 같다. 그것은 마땅히 모든 목적들의 목적이어야 한다. 우리는 이제 절대적 자유와 근접한 규정을 찾아야만 한다. 그것을 통해 최고선이 구성되는 방법을 찾기 위해서 말이다. 그것은 자유 속에 들어있지 않으면 안 된다.

이 근접한 규정을 우리는 자유와 대립적이지만 절대적으로 대립적이지는 않은 것에서 찾을 수밖에 없다. 따라서 우리는 자율을 발견한다. 자율은 상대적인 자유라고 우리가 내세울 수 있는 것이며 절대적인 자유에 근접하는 기초, 즉 최초의 단계이다. 따라서 모든 이에게 요구되는 조건은 **동권(권리평등Isonomie)**이다. 매개념[중간개념]은 **조화**이다. 자율에는 미개한 공동체라는 개념이 | 전제되어 있다. 그것의 반명제는 전체가 각자의 자율을 통해서, 또한 모든 이의 동권을 통해서 형성되는 경우이다.

최고선은 그래도 여전히 조화로 설명되지 않을 수 없을 것이다. 조화는 자율과 동권을 통해서 구성될 수밖에 없다.

이에 따라 인간의 규정에 대한 질문은 전체라고 답변된다. 따라서 첫 번째 문제는 두 번째 문제에서, 즉 **사회의 이상을 구성하는 것에서 해결된다.**

철학은 우주로, 따라서 통일로 나아간다. 모든 철학은 통일로 나아간다. 그러나 **통일의 성격**은 여러 가지이다. 우리의 철학에서 통일은 조화 혹은 개별자와 전체의 관계의 통일이다. 이 철학은 유기체적 자연 개념에 근거한다. 이 개념은 실천철학마저도 넘어선다. 여기서 제일의 문제는 인간의 규정에 대한 질문이었다. 우리의 방법에 따라 우리는 여기서도 개념들을 구성하였다. 인간의 규정을 | 우리는 인간의 본질에서만 찾을 수 있었으며 거기서 우리는 **판타지, 오성, 자유**의 개념을 발견하였다. 자유는 우리의 소망, 의지, 숙고(Sinnen)와 노력(Streben)에서 유일하게 실재적인 것이다. **최고선**은 자유이며 혹은 최소한 자유 안에 들어 있는 것일 수밖에 없다. 사람들은 이때 자기의 목적이 최고선을 향하는지 검증할 수 있도록 하기 위해서 최고선에 대해 묻는다. 자유 개념은 결코 절대적으로 현시될 수 없다. 삶은 그와 같은 것으로의 근접[다가감]일 뿐이다. 실질적으로(für den Gebrauch) 순수한 개념보다 더 중요한 것은 이제 근접의 세부내용이다. 근접의 조건은 상대적 자유이다. 이 자유는 합법칙성을 통해 절대적인 자유와 대립적인 것으로 발견되며, 그래서 **자율**이 그 근접의 첫 단계로 발견된다. 이 자율과 **동권**은 병존하게 된다. 즉 자율은 마땅히 보편적이어야 하며 개별자가 아니라 전체와 관계한다. 만약 그렇지 않다면

자율은 자기 자신을 파괴하게 될 것이기 때문이다. 양자[자율과 동권]의 산물이 **조화**이며, 조화는 개별자와 전체의 관계를 규정한다. ｜ 그로부터 나오는 첫 번째 추론은 **우리는 인간을 개별자로 간주할 수 없다는 것이다.** 인간의 규정에 대한 질문은 따라서 개체가 아니라 전 인류와 관계한다. 우리는 그것[전 인류]을 유기적인 전체로 구성해야만 한다. 실천철학은 그래서 개별적 인간의 이상을 구성해서는 안 되고 전체의 이상, 즉 사회의 이상을 구성해야 한다.

두 번째 중요한 추론은 그 개념들은 바로 그만큼 개별적 인간의 내적 조화에, 즉 그 인간의 교양과 윤리성에 적용가능하다는 것이다. 조화는 윤리적인 인간에 관한 유일·최고의 문제이다. 통상적으로 자율과 동권의 범주들은 늘 국가와의 관계에서만 사용되어 왔으나 바로 그만큼이나 내적 인간에게도 잘 적용가능하다.

그 개념들은 또한 모든 예술과 학문의 유기적인 결합에도 관계할 수 있다. 예술과 학문에는 자율과 동권 말고는 어떠한 규칙도 없다. ｜

우리의 과제, 즉 **인간의 규정**은 따라서 **인간적인 삶을 구성**하는 과제로 용해된다. 왜냐하면 전체의 구성을 통해서만 진리가 발견될 수 있기 때문이다. 전체의 구성이 완성되고 나면 개별자로 나아가야할 때이다. 이제 그것을 통해 발생하는 것은 도덕과 종교의 분리이다. 모두가 이 개념들을 구분해야 한다. 그렇지만 이 개념들은 다시 통일되어야 한다. 그런데 이것은 각자의 힘으로만 가능하다. 여기서 의문이 제기될 수 있겠다. 이 통일을 적용하는 데에는 물론 각자의 힘을 대신할 수는 없겠지만 그 적용을 좀 쉽게 해 줄만한 기본 틀[도식]은 과연 없는 것인지 혹은 적용의 기준으로 삼을 만한 무엇이 있는지?

이 기본 틀[도식]은 우리가 불멸, 자유, 신성의 개념들로부터 수립한 명제들 속에 들어있다.

도덕과 종교 사이를 매개하는 것은 정치이다. 정치는 가족, 위계, 공화국을 통해 구성되었다.

가족은 자연과 연관되는 것으로 | 수립되었다. 위계는 완전히 무규정적으로 남겨 두게 되었으며 가족과 대립적이었다. 가족은 절대적인 편협성(제한성Beschränkheit)에 근거하며, 위계는 절대적인 확장(Ausdehnung)에 근거한다. 그러나 공화국에서처럼은 아니다. 가족은 항상 현재만을 포함한다. 위계는 과거와 미래도 포함해야 한다. 이 확장은 인류가 하나의 전체라는 것에 토대를 두고 있다.

공화국은 최고의 개념이다. 모든 사회는 하나의 공화국이어야만 한다. 모든 사회는 자율, 동권, 조화의 범주들에 근거해야만 하기 때문이다.

이제 우리가 사회(국가)의 형식을 구성하려면, 우리는 사회에서 실재적인 것으로 되돌아가지 않을 수 없다. 실재적인 것은 부분과 전체가 결합되어 있는 사회를 통해서만 존립하는 그러한 것, 즉 하나의 **권력(Kraft)**, **바로 정치권력**이다. 이 권력은 다음과 같이 성격 규정되어야 한다. 즉 이 권력은 의식될 수 있으며 그로부터 설명될 수 있다. 우리는 **절대적인 결정**의 능력(Vermögen)을 표현하는 개념을 찾아야만 한다. 그 개념은 바로 **구성권(헌법제정권, konstitutive Gewalt)**이다. 그것은 정치권력의 일부이며 절대적인 규정작용을 담고 있다. |

정치의 원리인 동시에 종교와
도덕이 재통일되는 원리에 대하여

정치 전체는 **어떻게 인간들이 하나가 될 수 있는가** 하는 형식을 포함한다. 그 확대 적용은 새로운 구성들을 통해 매개념[중간개념]을 보다 명확히 하는 것 이상이 될 수는 없다. **공화주의**는 사회의 주개념이다.

국가의 형식들과 관련해서는 **민주정, 귀족정, 군주정**이 있다. 이 형식들을 내실이 있게 하기 위해서 우리는 미리 그 질료[내용]를 구성하여 형식들로 나아가지 않을 수 없으며, 거기에다가 형식들의 개념들을 연결시켜야만 한다. 그래야 그것들이 납득된다.

우리는 **정치적 내용(질료)**을 이루는 **정치권력**에 대해 묻는다.

행정권(exekutive Macht)은 **절대적인 판결권 · 결정권**을 지니는 구성권 없이는 생각할 수 없다. 그러나 물론 구성권도 행정권 없이는 생각할 수 없다. 우리는 집행권(ausübende Gewalt)도 지니는 구성권을 생각할 수는 있겠으나 부정적일 뿐이다. ㅣ 모든 것은 구성권의 허가를 통해서만 일어난다.

우리는 여기서 구성권을 정치권력의 부정적 요소로 간주할 수 있다. 긍정적 요소는 여기서 전체와 관련되어야만 한다. 그것을 우리는 **대표권** (repräsentativen Gewalt) 개념으로 표현할 수 있겠다. 그러나 여기서 흔히 **대의원들**(Repräsentanten)이라고 부르는 그러한 것, 즉 단순히 위임된 자 (Deputierte)로 간주될 수 있는 그것과는 명확히 구분되어야 한다. 그들 [대의원들]은 전체 자체를 보여주지 못하며 전체로부터 선발된 자 (Abgeordnete)일 뿐이다. 전체 자체를 보여주며 긍정적인 그러한 권력이라야 대표적(repräsentativ)이라고 부를 수 있다. 왜냐하면 **전체는 개별자와의 관계에서 긍정적**이기 때문이다.

우리가 역사를 통해 아는 몇 몇 국가들의 원리는 **군주정**이었으며, 전체가 한 명의 통치자(MagistratsPerson)에게 위임되었다. 그러나 관건은 **일개 개인**(Person)이라는 데 있다기보다는 세습적이라는 사실일 것이다.

정반대의 경우에서는 **구성권** 혹은 부정적 요소를 옹호하지 않을 수 없다. 여기서는 **민주주의**가 본질적인 것이 된다. 그것은 정치권력이 절대적인 결정을 통해 나타나는 방식이라고 하겠다. ㅣ 그것은 이 권력을 모든 개체적인 자의의 총합과 결합시키지 않으면 안 된다.

바로 앞의 두 가지 사이의 매개항[중간항]으로서 예고된 세 번째 개념은 행정권과 관련된 것일 수밖에 없을 것이다. 이것은 흔히 보게 된다. 이것이 **아리스토크라티**[58]의 본질이다.

이로부터 도출되는 것은 1) **모든 공화국은 아리스토크라티쉬**일 것이다. 아리스토크라티는 두 개념들로부터 발원하기 때문이다. 참된 아리스토크라티는 군주정과 민주정의 두 요소와의 대립을 통해서만 발생한다. 2) 따라서 정치권력의 구성에서 본질적인 것은 긍정적인 권력(힘)과 부정적인 권력에서 기인한다. 긍정적인 것을 전체와 결부시키지 않으면 후자는 존재하지 않게 된다. 그렇지 않은 통상적인 입법권(legislative Gewalt)은 따라서 전적으로 금지된다. 이 삼권은 모두 입법적인 것(gesetztgebend) 이외에 다른 것으로는 존재할 수가 없기 때문이다.

---

58) 'Aristokratie'는 '귀족정'으로 번역된다. 그러나 여기서 슐레겔이 말하는 'Aristokratie'는 '귀족정'이 아니라 오늘날의 '대의민주정'이다. 대의민주정은 고전적 헌법분류법에 의하면 민주정이 아니다. 혈통이나 가문에 기반을 두지 않은 아리스토크라티 혹은 과두정이다.(참고. 독일어판 위키(Wiki)의 'Aristokratie' 항목) 따라서 번역을 하지 않고 그냥 '아리스토크라티'라고 쓴다.(역자)

이 도식[기본틀]에 따라 국가 뿐 아니라 모든 사회와 결사체가 판정되지 않으면 안 된다. |

그러나 단순히 인간의 외적인 면이 아니라 내적인 면도 구분되는 것이며, 또한 재통일이 문제로 요구된다. 이 모든 개념들은 이제 내적인 인간에도 완벽하게 적용가능하다, 이 개념들은 내적 인간 안에 있는 자율과 동권으로부터 구성되기 때문이다.

그 구성과 더불어 정치의 원리들은 완성된다.

본질적인 것은 **종교**와 **도덕**의 분리였으며, **정치**를 통해서 재통일된다.

제3부

철학론

철학의 자기 자신으로의 복귀
혹은 철학의 철학

●●●

　모든 철학은 우주의 철학이다. 우리의 철학은 모든 대립적인 요소들의 중심에 놓인 실재성을 추구한다. 따라서 우리의 철학은 대립적인 요소들을, 즉 이원론과 실재론을 통일하는 매개행[중간항]인 | 관념론이다.

　우리는 그 하위의 개념들로 **유기체**와 **알레고리** 개념을 받아들인다. 실천철학에서도 두 가지 요소들은 이원론과 실재론이며, 관념론은 그 매개재[중간재]이다.

　철학이 삶으로 나아가는 시기, 즉 두 번째 시기에는 주관적으로 시작할 수 있다. 왜냐하면 철학은 전체 인간과 관계하며 전체 인간으로부터 흘러나오는 지(Wissen)이기 때문이다. 철학의 최초 동인(Regung)은 이론적인 성격보다는 실천적인 성격인 경우가 빈번하다. 사실 본질적인 차이는 없지만 말이다. 철학의 모든 동인들은 **조화**와 관련된다고 할 수 있다. 그러므로 철학이 우주를 추구하는 한, 이론 철학도 이제 조화를 추구한다.

　철학은 대체로 세 부분으로 나뉜다.

　Ⅰ부. 이론철학. 이론철학은 현존재와 의식을 하나로 현시하거나, | 혹은 자기 자신을 구성한다.

　Ⅱ부. 철학은 자기 자신으로부터 벗어나서, 삶으로 들어간다. 철학은 삶

의 개념들, 즉 종교와 도덕을 서로 엄격하게 구분하며, 그러고 나서 그것들을 통일한다. 또한 이를 통해 삶의 조화를 이루어낸다. 그러나 분리를 통해서만 전체로서의 인간이 드러난다.

III부. 철학은 다시 자기 자신으로 복귀한다. 철학은 활동적인 것으로 현시된다. 이제 그것은 **철학의 철학**이다. 철학은 여기서 단순히 객관에 대한 방법론이 아니라 **이론과 경험의 결합**, 아울러 모든 예술들과 학문들의 결합의 문제들을 지닌다.

역사는 이러한 철학의 분류를 입증하였다. 그리스 철학은 초월적 물리학에서 출발하였다. 사람들은 그런 이유로 그 철학을 비난하였다. 그러나 우리는 이것이 옳다는 것을 알 수 있다.

철학의 제2막도 저 민족의 역사에서 증명될 수 있다. 소크라테스와 그의 존경스런 제자들의 시대에 철학은ㅣ천상의 지혜를 불러일으킨다는 것을 의미한다.

그러나 철학의 제3막은 전체적으로 그 역사에서는 더는 증명될 수 없다. 이런 관점에서 철학의 역사는 아직도 이 지점까지 도달하지 못하였다. 즉 철학의 철학이 전체와, 즉 무한자와 관계하는 학문들의 인식을 통해서 가능할 뿐이라면 이 제3막은 철학사적으로 여전히 결함이 있다는 사실은 분명한데, 철학자들에게는 대체로 이 인식이 결여되어 있기 때문이다.

우리는 이제 바로 철학의 이 제3막을 다룬다.

우리는 이 부분[III부]도 앞서의 두 부분[I부와 II부]과 마찬가지로 하나의 문제로써 개시하지만 그 해결은 그러나 앞서와 같이 쉽지는 않을 것

이다. 평이한 접근은 여기서는 전적으로 중단된다. 우리는 **철학의 철학**의 개념만을 구성할 수 있다. 천재와 예술을 갖고 철학하는 사람은 그 속에서 철학의 철학을 발견할 수 있다고 확신한다. |

우리가 여기서 살펴보아야 하는 제일명제는 우리 철학의 제1부에서 이미 나온 것이다. 즉 **진리는 상대적이다.**

이와 함께 진리에 대한 통상적인 설명은 이러하다. 즉 진리는 결코 통일될 수 없는 주관적인 것과 객관적인 것의 합치(Übereinstimmung)이다. 이 명제는 관념론에서 나오며 관념론은 주관도 객관도 아닌 실재성을 다룬다. 진리에 대한 통상적인 정의가 옳다 해도 그 정의는 아무 것도 설명하지 못한다. 반면 실재적인 것이 중심에 놓여 있는, 따라서 진리가 두 개의 대립적인 오류들의 무차별(Indifferenz)인 관념론에서는 이 정의(definition)를, 즉 어떻게 진리가 발생하는가를, 다시 말해 진리는 산출된다는 것을 우리에게 가르쳐준다. 또한 어떻게 우리가 진리를 산출할 수 있는가를 우리에게 일러준다. 우리가 오류와 싸우는 경우에 말이다.

모든 진리는 상대적이라는 명제로부터 이제 — 왜냐하면 모든 조합을 넘어서는 보다 높은 것이, 그것도 무한자에게서 그렇게 발견될 수 있기 때문이다 — 직접적으로 추론되는 명제는 **모든 철학은 | 무한하다**는 명제이다.

이제 실재성(Realität)은 절대적인 예지(Intelligenz)이며 그것 이외에는 아무 것도 실재적(reell)이지 않기 때문에 이 실재적인 것의 사유는 그러한 것(참된 지知)의 의식을 통해 상징적으로만 현시될 수 있다. 우리는 따라서 또 다른 명제를 얻는다. 즉 모든 지는 상징적이다. 이 명제는 철학의 형식과 관계하며, 그로부터 이제 다음과 같은 것이 도출된다. 즉 **철학의**

형식은 무한하다.

진리는 대립적인 오류들이 중화될 때 나타난다. **절대적인 진리는 인정될 수 없다.** 이는 사상과 정신의 자유에 대한 증거이다. 절대적인 진리가 발견될 수 있다면 그와 더불어 정신의 업무(Geschäft)는 완성될 것이며, 또한 존재하기를 그칠 수밖에 없을 것이다. 정신은 활동에서만 실존할 수 있기 때문이다.

그러나 모든 진리가 상대적일 뿐이라면 우리는 용기와 희망을 갖고 ㅣ 사변에 몰두할 수 있다. 실재적인 것에 기반을 둔 연구의 전 계열은 진리로 나아간다. 우리가 오류를 제거하여 더 이상 말할 것이 없다면 진리는 저절로 생겨난다.

모든 진리는 상대적이다. 모든 지는 상징적이다. 철학은 무한하다. 이 세 명제들은 직접적으로 철학 본연의 **논쟁적인 방법**의 연역으로 인도한다. 그것들[세 명제들]의 필연성과 근거는 오류가 제거되어야 한다는데 있다. 그것들은 나아가 지금까지 충족되지 못한 경험과 역사의 정당화의 욕구로 인도한다. 모든 진리가 상대적이라면, 우주가 최정목표로서 상정된다면 이론은 더 이상 역사보다 경험을 우선시 할 필요가 없다. 이론은 어떤 다른 목표를 알지 못한다. 또한 이제 그것을 통해 이론과 경험의 분리는 완전히 중단되며, 이성이 파괴되지 않아야 하는 한, 이는 틀림없다. ㅣ 철학의 철학에 대한 관념론의 성과들(Resultate)은 다음과 같이 소급할 수 있다. Ⅰ) **철학은 전적으로 역사적이어야 한다. 역사가 경험과 이론을 통일하는 매개념[중간개념]인 한** 말이다. 우리의 철학은 그 자체로 역사이다. 우리의 철학은 역사를 자연과 함께 다룬다. 그런데 자연은 사실이며, 역사는 사실을 추구한다. II) **철학은 반드시 논쟁적으로 이루어진다.** 역사와 철학은 하나이다. 그러나 철학은 전체의 개념으로 자신을 고양시키는데서, 그리고 개별자를 추상[사상]하는 데서 출발한다. 이는 필연적이다. 철학은 전체를 현시해야만 한다. 그러나 철학은 그것을 간접적으로만 할 수 있다. 철학은 인간 정신으로부터 유한자를 쫓아 버리며 유한자를 부정한다. 이 필연성은 다음과 같이 설명할 수 있다. 즉 철학은 대체로 진리를 간접적으로 촉진하는 경향을 보인다. 다시 말해 본능(Instinct)에 앞서서 존재하는 그것[유한자]에 대해서 원리들과 ㅣ 준칙들을 도출해내는 경향을 보인다.

철학의 철학에 대한 정리(定理Lehrsatz)는 이러하다: **철학은 무한하다.** 따라서 어떤 철학도 진리(즉 절대적인 진리)로 간주될 수 없다. 이 진리가 철학의 버팀목을 빼앗지 않도록, 또한 동시에 철학의 철학이라는 과제를 구성하기 위하여 철학의 제일 이론적인 부분과는 다른 방식으로 철학의 성격을 규정할 필요가 있다. 우리는 그것을 지금까지와 같이 우리의 방법대로 수행한다.

철학의 **제3절** 혹은 철학의 철학의 **제일 문제는 모든 학문들과 예술들의 유기체를 구성하는 과제**이다. 여기서 철학은 전체의 일부일 뿐이며, 또한 그것을 통해 우리는 철학을 보다 근접하게 규정하게 된다. 모든 것은 전체를 통해서만 그리고 전체 안에서만 이해될 수 있다. 그 명제를 달리 표현하면 이렇다: **모든 진리는 상대적이다.** ㅣ

철학의 철학은 세 부분을 담고 있다.

I) 논쟁의 정당화

II) 역사 철학 혹은 역사와 철학의 통일

III) 모든 예술들과 학문들의 유기체의 도식[기본틀]의 체계 혹은 모든 예술들과 학문들의 백과사전.

우리는 모든 예술들과 학문들의 유기체를 파악한다. 그것들을 서로 속하는 대로 나눈 후, 중간항[매개항]을 통해 다시 하나의 전체로 결합한다면 말이다. 이 전체는 자연이다. 모든 예술들과 학문들은 따라서 자연을 대상으로 지닐 수밖에 없으며, 또한 그것[자연]을 통해 그것들[모든 예술들과 학문들]은 자신을 모든 메커니즘적 작업들과 구분한다.

이 세 점들은 독단론에서 논리학이라고 하는 것을 포함한다. 그러나 도출된 지절들의 윤곽만으로도 이미 논리학과 우리의 철학의 철학 사이에서 발생하는 것의 비교는 끝날 수 있다. | 독단론자는 자기의 철학을 논리학으로 시작하는 반면에 우리는 그것[논리학]으로 철학을 끝맺는다. 거꾸로 된 행로로부터 독단론의 대부분의 특성들이 도출가능하다. 논리학으로 시작되는 경우보다 논리학이 전체를 종결짓는 경우에 철학의 철학은 더욱 강해지고 풍성해지는 것임에 틀림없다. 논리학으로 시작할 경우 그 산물은 형식적일 뿐이다. 이는 논리학이 증명하는 바다.

모든 진리는 상대적이라는 명제는 쉽게 일반적인 회의로 이끌릴 수 있다. 예컨대 모든 진리가 상대적이라면 모든 진리가 상대적이라는 명제도 상대적이다. 모든 것이 올바르게 이해된다면 이것 또한 인정할 수 있다.

그것으로는 아무 것도 얻어지지 않는다; 이 명제뿐만 아니라 철학의 모든 체계가 상대적이라는 것도 인정할 수 있다.

명제들과 추론들에 들여다 놓은 모든 것은 문자일 뿐이다. 그리고 문자는 사라지는 것이며 | 사라질 수밖에 없으며 **정신만 남는다**. 이는 우리에게 우리의 사유와 행위에 의해서 무엇인가가 나오며, 무엇인가가 현실화된다는 확신을 또한 준다. 창작의 **팔란티움**(palantium, 로마의 중앙언덕)은 존재한다. 절대적인 진리는 없다. − 이것이 정신을 자극하며, 그 활동을 촉진시킨다.

모든 진리는 상대적이다. 그 명제에 부가한다. **원래 오류란 없는 것이다.**

우리의 체계에서 진리는 실재적인 것이다. 그것이 의식과 힘[오성의 힘, 모든 힘은 오성의 힘]을 갖고 사유되어야 하는 한 그러하다. [반면 진리에 대한] 통상적인 설명은: 주관적인 것과 객관적인 것의 합치이다. − 좋다; **그러나 형식과 질료도 서로 합치하며** 이것이 바로 미이다. 이것이 그[주관적인 것과 객관적인 것의 합치]에 대한 정확한 표현이다.

의식과 실재성에 입각하여 미가 사유되면, 곧 진리이다. **따라서 진리와 미는 하나이다.** 모든 구별은 상대적일 뿐이다.(이것이 관념론의 본질적인 것이다.) |

최근 철학자들의 진리와 관련한 언급에서 다음과 같은 것은 주목할 만하다.

마이몬. − 그는 칸트가 경험과 이성을 분리한 것을 받아들인다. 그는 다음과 같이 가르친다. 즉 이성의 지는 존재한다. 그러나 그것은 이론적으로든 실천적으로든 활용가능(anwendbar)하지 않다.

라인홀트. – 이미 그의 철학에는 가변성[불안정성]이 드러난다. 즉 그는 결코 진리로 향하는 바른 길에 있지 않았다. 앞 사람[마이몬]과 마찬가지로 진리에 관한 한 그는 회의주의자이다. 또한 마찬가지로 역시

플라트너. – 이 사람은 철학 자체에 대한 자신의 회의를 지속한다. 그러나 그럼으로써 철학은 고정화되고, 철학의 진보적 경향은 억제된다.

이런 회의주의자들 가운데 가장 의미있는 사람은 마이몬이다. 그러나 마이몬의 회의는 관념론과 대립적이다. 우리에게 관건은 다음과 같은 명제들이다: **모든 지는 자연학이다.** 모든 것은 하나의 **전체**이며 이는 하나의 **사실**이다. 지는 경험과 이론이 되지만 반ㅣ명제[경험과 이론이 곧 지가 된다는 상대적일 뿐이다. 그것[반명제]은 매개항[중간항]인 **역사**(엄밀한 의미에서의)를 통해 지양[제거]된다.

비판 철학에 반대하는[비판철학의 반명제인] 우리 철학을 하나의 **역사**철학(ein historisch)이라고 부를 수 있다. 그러나 역사철학도 비판적이어야만 하므로 역사철학은 비판철학의 반명제로서 역사적인 것이 아니라 더 상위의 것이기 때문에 오히려 비판철학을 포용한다.

철학이 스스로 자기 한계[경계]들을 명확히 하고, 자기 방법에 관하여 자기 자신이 책임을 지는 것과 관련하여, 철학을 비판적이라고 부를 수 있다. 한계의 정확한 규정은 비판철학의 참된 개념 본연의 것이다. 또한 참되지 않은 개념에 대해서도 그러하다. 한계규정에서 시작하는, 자신의 능력들을 사용하기도 전에 그 능력들이 없음을 아쉬워하는, 이성의 한계규정에서 시작하는 철학은 통상적인 개념으로는 비판적이라고 규정되고 해석된다. 그러나 이는 벌써 잘못된 것을 따르는 형식이다. 왜냐하면 저 주장은 **능력을 먼저 실험하고 그러고 나서 그것을 사용한다는 것**에서 기

인한다. 이는 | 잘못이다. 전개 속에서 비로소 사람들은 능력을 알게 된다. 이것이 옳지 않은 또 다른 이유는 이성에게는 결코 어떠한 한계들도 주어질 수 없기 때문이다. 이성의 한계규정을 부정하는 것, 바로 그것이 관념론의 본질이다.

우리는 모든 철학의 기준으로 사용될 수 있는 원칙을 수립할 수 있다. 즉 **전체에서 출발하지 않는 철학은 자기를 전체로 고양시킬 수가 없다**는 원칙을 내세울 수 있다(시작함Anfangen은 연대기적으로가 아니라 발생학적으로 이해되어야 한다).

자기 자신을 가장 확고하게 대립자들과 구분 짓는 철학은 비판적이 될 수 있으며 **비판적**이라고 불릴 수 있으며, 그것을 통해 관념론은 논쟁적이 된다. 두 번째로 철학이 비판적이 되는 것은 방향을 밖으로 바꾸어 자기 자신을 전체 속에서 인식할 때, 즉 자신이 학문들과 예술들의 전체 유기체[조직]에서 하나의 지체일 뿐임을 인식할 때이다. 여기서는 철학의 한계규정만이 명시화될 수 있다.

관념론에서 가장 본질적인 것은 실재성을 자기 안에서 통일하는, 우리가 상징적으로만 알 수 있는 절대적인 예지를 | 받아들이는 데 있다.

이는 이따금씩 이기는하지만 소위 신지학자들에게서도 발견된다(이 이름[신지학자]하에, 오로지 자신의 판타지에 몰두할 뿐 그[절대적인 예지]에 대한 일체의 숙고는 하지 않는 사람들 모두를 통칭한다). 그들은 게다가 전혀 비판적으로 탐구하지 않는다. 그들 중에는 실제로 천재와 판타지를 통해 관념론의 참된 것에 도달한 사람이 있다. 그러나 우리는 그럼에도 그들을 우리의 직무에서 배제한다. 왜냐하면 그들에게는 철학의 형식이 결여되어 있는데, 그것[형식]이야말로 모든 시대의 철학이 구성한 가장 본질적인 것이기 때문이다.

지의 질료[내용, 소재]에 관한 한, 철학은 **물리학**과 **역사**로 해소되지 않을 수 없다. 도덕 등등도 거기서 제외되지 않는다. 의식은 오류에서, 즉 **유한자**에서 시작한다. 이제 하나의 학문 밖에 없다면, 즉 자연학 밖에 없다면 오류를 근절ㅣ시키는 과제가 생겨나며, 이것을 구성해 내는 것이 철학이다. **따라서 그것[철학]은 오성과 사유능력의 방법론적 연습, 즉 유한자의 제거일 것이다.**

좁은 의미에서 철학은 변증법적이다. 그것[철학]은 오성의 형성(단련 Ausbildung)에 관여해야 하며, 오류들을 논박해야 한다. 이것이 좁은 의미에서의 철학의 한계규정의 특징이다. 변증법적이라는 것은 오성의 공동체적인(gemeinschaftlich) 형성의 기술(Kunst)과, 그리고 오류의 제거와 관련된다는 것이다. 이 **공동체적인** 형성 때문에 철학은 **변증법적**인 것이다. 논리적인 것이 아니다. 철학은 넓은 의미에서는 완전히 무제한적이다. 철학은 전체이며 전체와 관련된 모든 것을 포괄한다.

예술들과 학문들을 촉진하는 모든 사람들은 철학자들임에 틀림없다; 즉 정신을 따르지만; 변증법적이지 않은 것은 협의의 철학자들에게나 그런 것이다. ㅣ

전체의 인식을 통해 우리는 이론과 경험을 결합시킬 수 있는 길을 찾았다. 매개항[중간항]들만 명확해지면 된다. 일반적인 매개항[중간항]은 역사이다. 이것은 이론과 경험을 결합한다.

우리는 이제 이행을 증명할 수 있는 방법을 제시해야 한다.

현상(Phänomen)에서 출발하는 것이 경험이다. 그러나 그것(경험)은 현상을 학문적으로 정교하게 다루는 것이어야만 한다. 경험은 지이어야 한다.

우리는 이제 경험의 범주들을 도출해야 한다.

각각의 모든 현상은 개별적인 것이다. 개별자에서 실재적인 것은 오로지 요소들과 그것들의 관계뿐이다.

모든 경험은 현상에서 출발하며, 현상을 요소들로 소급하는데서 존립한다. 경험의 한 범주는 따라서 **분석**이 된다. 모든 경험은 분석적이다. 분석은 여기에 뿌리를 두고(einheimisch) 있는 것이지 이론에 두고 있는 것이 아니다. 분석은 경험을 이론과 구분 짓는다. | 경험이 종결되면 **사실**이 된다. 사실이 될 때까지는 개념은 경험을 넘어서지 못한다.

무엇에 의해 사실들은 현상들과 구분되는가?

현상을 사람들은 사실 개념과 동일한 것으로 이해한다; 그러나 현상은 아직 진리와 오류가 결합되어있는, 순전히 생경한 직관이다. 그러나 사실들은 식별되어 진리로 확정된 결과(Resultat)이어야만 한다.

철학의 모든 결과들은 모두 다음과 같은 것을 포함하고 있다. **즉 이론과 경험은 하나라는 것**. 그것들이 분리되는 것이 절대적일 수는 없다는 것. 매개항[중간항]은 역사이며, 따라서 철학의 내용[질료]은 역사이다. 철학의 방법은 역사적이어야 한다. 즉 거기서[역사에서] 철학은 자연과 관계하기 때문이다. 여기서 철학은 넓은 의미의 철학이다.

경험이 시작되는 현상에서는 실재성이 아직은 미정적(未定的)이나, 경험이 최종적으로 종결되는 사실에서는 실재성이 확정된다. 이는 개별자에서도 그럴 수 있다.

개별자에서 실재적인 것은 요소들의 비 ㅣ 율이다. 현상은 요소들의 공동작용으로 발생한다.

이제 이로부터 발생하는 과제는 현상을 그의 요소들로 환원시키는 것이다. 이것이 바로 **분석**이다(분석은 부당하게도 이론과 추론에 사용되고 있다).

경험의 전체적인 업무는 현상을 사실로 환원하는 데에 맞춰져야 한다.

분석은 이제 경험의 한 요소이다. 우리는 이제 다른 것, 즉 반명제[반대되는 것]를 찾아야 한다.

분석은 물론 현상으로의 도정(Weg)을 완성하지만 그 안에는 현상을 관찰하는 원리가 들어있지 않다.

현상은 개별자를 지시한다. 거기에는 실재적인 것이 아직 미정인 채로 전제되며 그것을 우리는 이제부터 전개시키고자 한다.

분석의 반명제인 두 번째 요소는 **유추**(Analogie)이다. 유추는 현상으로부터 사실로 가는 도정을 완성하기 위해서 필수불가결하다. 유추는 전체에 대한 인식이지만 아직은 불완전한 것이다. ㅣ

현상과 사실은 경험의 가장 표피적인 지절들이다. 실험들은 문제에서 문제로 진행하는 중심에 위치한다. 문제 안에는 분석에 의해 이미 일정한 한계[경계]가 설정되어 있으며, 그것을 통해 현상과 구분된다. 문제들은 새로운 문제들에서 사실에 이를 때까지 변화한다. 하나의 문제가 다른 문제와 결합하는 것이 **유추**이며, 유추가 종결되는 것도 사실에 이를 때이다. 사실들을 우리는 원리들, 혹은 제일 요소들 및 요소들의 비율이라고 부를 수 있다. 모든 사실들은 따라서 원리이며, 또한 모든 원리들은 사실들이다. 이론과 경험의 분리를 위해서, 따라서 우리 이론(Lehre)에 대한 반박으로서 여전히 내세워지는 것은 이러하다: 근본적으로도 물론 그러하지만 특정한 인간정신 속에는 어떤 사람은 좀 더 경험을, 다른 어떤 사람은 좀 더 이론을 향하도록 하는 소질이 있다는 것이 그것이다.

우리는 이 반박의 토대를 공략해야만 한다. 경험은 가상을 | 사상(추상)하는, 즉 이론으로 소급시키는 전반적인 능력, 힘을 전제한다. 이는 철학의 조건이다. 이 능력은 모든 이론의 조건이다. 그것은 초월적 관점이다. 그것의 결과들(Resultate)은 이러하다.

경험은 이론이 시작됨으로써 중지된다. 경험은 초월적 관점에 대한 능력이 없이는 불가능하다.

경험은 현상에서 사실로의 학문적 환원이다. 유추에 의하여 이 역진[퇴행Rückgang]이 가능하다. 거기서 가설들이 발생된다.

경험주의자는 모든 가설들을 배척한다. 이는 비난받아 마땅하다. 왜냐하면 현상에서 사실에까지 이르는 길은 오로지 유추를 통해서만 찾아진다는 것은 주지의 사실이기 때문이다. 독단론적인 철학자들이 가설들을 강요하려고 한다면 이 또한 마찬가지로 부당하다. 가설을 통해서 관점이 확정된다고 한다면, 가설들은 체계에서 물론 배제되어야 한다. **가설들은 학문적인 것만 이끌어내야 한다.** |

사실로 간주되는 많은 것이 현상일 뿐이다. 전체 역사가 그 예이다. 역사가는 자기 연구를 마칠 때, 사실들을 수립하였다고 믿는다. 인간의 발전과 관련지어 볼 때, 이 사실들은 철학적으로는 현상들일 뿐이다.

새로운 학문은, 역사의 사실들이 오로지 다시 현상들로 현상하는 한에서 발생한다. 즉 본연의 역사가 발생한다(보다 높은 역사의 방법은 실험일 수밖에 없다).

사실을 통해 이론은 경험과 결합한다. 여기서 사실들은 **원리들**이 된다.

이론의 요소들을 수립하기

원리들과 관계되는 것은 초월적 관점이라고 부를 수 있다. 즉 가상을 추상하는 능력이다.

우리는 이론의 요소들을 수립하기 위해서 경험의 근본개념들에 대한 반명제[반대되는 것]들을 찾아야만 한다. 그것들은 또한 일정한 사유의 관계들을 가리켜준다. − 즉 분석에 대한 반명제. 분석은 개별자와 관계하므로, 우리는 ㅣ 전체와 관계하는 어떤 개념을 찾아야만 한다. 그것은 바로 **사변**이다. 사변과 대립적인 것은 **반성**이다. 반성은 자신의 능력들(Potenzen) 안에 있는 주관과 객관을 구분한다.

사변에서 객관은 형식과 질료의 범주로 여겨진다. 주관은 사라진다. 객관은 무한해 진다. 즉 개체적으로, 유기적으로 되며, 그것을 통해 주관의 반명제가 생성되는 것은 중단된다. 양자 공통의 제일 조건은 추상이다.

사변은 **주관적인 것**의 추상없이는 존재하지 않는다. 반대로 반성에 의해서는 형식과 질료가 추상된다.

추상은 최하 단계에서 최고단계에 이르는 도정을 채우는 매개념[중간개념]이다.

이론은 원리들로 나아간다. 즉 그것[원리들]을 찾아내고 수립하기 위해

서 말이다. 원리들과 대립적인 것은 무엇인가? 원리들은 전적으로 개별자와 관계한다. 특정한 요소들의 특정한 비율만이 원리이므로. |

체계는 원리들과 대립적인 개념이다.

체계와 관련되어야 하는 것은 **예지적 직관**의 개념일 것이다. 실재성은 전체의 조화에서만 존재한다. 모든 진리는 따라서 전체를 정신적으로 직관하는 데서 시작된다.

전체 속에만 실재적인 것(das Reelle)이 들어있으며 따라서, 부분들의 합성을 통해 전체에 다다랐다면, 한 순간에 전체의 진리가 가시화되어야 한다.

이론의 시작은 시간과 관계하는 것이 아니다. 전체에서 출발하여, 그 후에야 비로소 개별자로 향하여야하기 때문이다.

모든 각각의 유기적인 전체는 하나의 체계일 수 있으며, 그 각각의 전체에 대해서는 예지적 직관이 가능하다. 이론은 따라서 그것으로 나아간다.

우리는 아직 철학의 제3막, **혹은 철학의 철학**을 다룬다. 이 제3막은, 철학사에서는 거의 전적으로 결여되어 있다. 모든 유기적인 예술들과 학문들은 또다시 자신들의 자연(본성Natur)을 | 유리시키게 되었기 때문이다. 우리는 지금까지 예술들과 학문들에서 발휘되어 온 탁월한 것을 갖고 있다. 그것은 직감[본능]에서 나온 것, 즉 예술에서 나온 것 이상이라고 간주되어야만 한다. 철학의 철학은 가능하다. 철학이 예술들과 학문들의 거대한 전체(무한한 실재성)에서 일부분만을 이룬다면 말이다.

독단론에서는 그 반대이다. 즉 독단론은 철학의 철학에서 시작한다. 그리고 여기에 관념론과 독단론의 가장 두드러진 차이가 있다. 독단론이 아직도 여전히 내용[질료]을 지니지 못하고 철학의 형식에서 시작하는 참된 내적인 이유는 덮여지고 은폐된 약점, 즉 실재성을 파악하는 데서 갖고 있는 약점 때문이다.

철학의 철학을, 혹은 실질적(materielle)이고 실재적인(reelle) 논리학을 구성하기 위해서 우리는 인식의 결과들 즉 지와 진리를 내세우지 않을 수 없었다. 경험도 이용하지 않을 수 없었다.

경험의 근본개념들을 다루는 데 필요한 것은 올바른 **유추** | 능력이다. 이것은 천재의 어떤 능력이다. 전체에 대한 불완전한 인식(Kenntniß)은 중간항(천재)을 통해 마치 완전해 지기라도 한 듯이 현시된다. 모든 전체들은 본질적으로 하나이며 그렇기 때문에 어떤 것에서 다른 어떤 것을 추론(Schluß)하는 것이 가능하다. 그로부터 유추가 불완전한 인식이라는 것이 입증된다. 개체들의 인식은 완성될 수 없다. 모든 각각의 개체는 우주를 일컫는 신조어이다.

철학이 무한하다면 모든 것은 그 안에서 산출되어야한다; 새롭지 않은 모든 철학은 참되지도 않다. **창작**은 따라서 철학에게, 그리고 모든 예술들과 학문들에게 제일 필요한 것이다. 여기서 말하는 것은 인식, 지, 충동 등등과 관련하여 통상적으로 인정되는 창작이 아니다. 즉 철학자들에게 무가치한 것, 즉 가상인 것, 유한자와 관계하며 실재적인 것과는 관계하지 않는 것을 말하는 것이 아니다. 우리의 창작과 이것[위에 열거된 창작] 간의 차이는 사고방식의 차이에서 구해져야 하며, 또한 사고방식의 차이는 | 무한자와 유한자의 차이에 기인한다. 실재적인 것의 관점에 완전하게 서있지 못한 많은 이들이 허영심(Eitelkeit)에서 창작을 추구한다. 이들

은 자기의 추구가 얼마나 진척되었는지를 결코 알지 못한다. 혹여 그것이 개별적인 것과 결부된다면, 그것은 막노동(Handwerk)이다.

우리의 영역에서는 많은 창작들이 무한히 가능하다. 거기서는 무한히 많은 것을 발명·발견하는 창작자라고 불릴 수가 있다.

각각의 모든 추구는 하나의 **조합적인 정신**으로 나아가야만 한다; 그 것은 또한 경험론자로 하여금 유추를 다루도록 하는 혼(Seele)이 되어야 한다.

창작 개념과 직접적으로 대립하는 개념은 **전달**(공유-Mitteilung)이다. 양 자는 외적인 것과 내적인 것처럼, 주관과 객관처럼 서로 구별된다.

절대적인 이해(Verstehen)는 우리의 관점에서는 결코 가능하지 않다. 이것은 독단론에서 유래한다. ㅣ

절대적인 진리가 있다면 **절대적인 현명함**(Verständlichkeit)도 있을 것 이다. 그 현명함에는 두 가지가 내포되어 있다. 1) 절대적인 현명함은 잘 못된 개념이라는 것. 2) 그 개념은 필요하다는 것. 즉 현명함의 개념에 들 어있듯이 그 개념이 어떤 방법으로든 발휘되어야 한다는 것을 전달한다.

이제 **서술[현시]**말고 다른 매개체(Medium)는 없다. 서술을 통해 우리 에게 발생했던 것이 다른 사람에게 발생한다면 서술은 전달의 목적을 달 성한 것이다. 전달에는 항상 결과들의 서술이 아니라 그것이 발생하게 된 방법이 포함되어야 하며, 그래서 서술은 **발생학적**이어야 한다. 서술의 참 된 방법은 따라서 발생학적, 혹은 역사적이다.

관념론은 **하나의 불가분의 실재성**을 인정한다. 독단론은 반대로 **두 개 의 유리된 세계들을**, 즉 **경험**과 **이론**을 인정한다. 독단론자에게는 두 종류

의 지(知)가 | **유기적**으로 결합되지 않는다. 그러나 실재성은 하나일 뿐이며, 지도 **하나**일 뿐이다.

발명을 대체하는 조합적인 정신에서 방법에 대한 실험은 종결된다. 실재성은 **하나**뿐임을 인정하는 것이 우리 철학의 원리이다. 유사성 (Ähnlichkeit)의 진리는 **유추**이다. 그러한 유사성을 지각하는 능력이 **조합적인** 정신이다. 조합적인 정신의 영역은 전적으로 무규정적이다. 그러나 그것 이외에 수행되는 방법은 있어야 한다. 실험이 그 방법이다. 이 방법에 따라 수행하는 사람은 가장 대담한 시도를 감행해도 좋다. 그는 틀림없이 실재성과 마주치게 된다.

어떻게 실험으로서의 사유가 다루어져야 하는 지는 조합적인 정신을 규정함을 의미할 것이다. 우리가 그것을 필요로 한 것은 처음이 아니다. 우리의 철학함의 전체 방식은 이미 그러했다. 우리의 삼단논법만이 독단론자의 그것에 맞서는 것이라고 생 | 각하면 된다. 독단론자에게는 정의와 입증이 있어야 한다. 그러나 우리에게는 구성과 연역이 있어야 한다. 후자[구성과 연역]는 오성의 기능으로 간주되어야만 하며, 이 기능을 통해 두 가지 사상들의 절대적 동일성이 드러나게 된다.

절대적 이해는, 절대적 진리를 부인하는 철학에서는 부인된다. 동일자 (das Gleiche)만이 동일자를 이해하기 때문에 관념론자는 전달을 하고자 할 때 신중을 기하지 않으면 안 된다. 그는 자신이 전달하고자 하는 사람들이 자기와 동일한 개념을 지니고 있는지를 알아야만 한다. 그들 둘이 실재성을 인식하고, 동일한 것을 바란다(wollen)고 해도 언어들의 차이는 여전히 클 것이다. 이 사람이 만족하는 선(線)은, 결코 다른 사람을 완전히 이해하고자 하는데 있지 않다. 그들이 서로를 절대적으로 이해한다는 것은 불가능하다.

전달[공유]은 현시이어야 한다, 정신과 정신 사이에는 어떤 다른 매개체가 없다. 그러나 그 현시는, 그것에 의해 타자에게서 그것이 | 생산되는 현시이어야 한다. 즉 현시자가 내적으로 지니고 있는 그러한 것이 생산되는 서술이어야 한다. 발생학적인 방법이라면 이것이 가능하다.

여기에 우리의 방법을 판정하는 기준이 있다. 우리의 방법은 발생학적이고 조합[결합]적이다.

우리는 지금도 여전히 창작과 전달 사이의 매개념[중간개념]을 찾아야만 한다. 그것[매개념]은 발전의 개념이다. 이것이 방법의 주개념이다. 그것[주개념]은 다음과 같은 명제에서 나온다. 즉 진리는 무한하다. 인간 정신은 오류에서 시작할 수밖에 없다.

발전의 개념은 양자, 즉 발명과 전달에 공통적이다. 각각의 발명은 결코 완성되지 않는 진리의 지속적 발전 그 이상의 것이 아니다.

순수한 철학이 변증법적이라는 것은 발전의 욕구에 기초하고 있다. 더 이상 변증법적이지 않은 것은 더 이상 순수한 철학이 아니다. 그것은 [철학이 아닌] 다른 것에 함몰된다. |

소크라테스 시대에 철학은 변증법적이었다. 이것은 따라서 우리에게 실례(實例)가 될 수 있으며, 그래서 우리는 훌륭한 근거를 갖고 말할 수 있다. **철학의 방법은 소크라테스적이어야 한다고.** 이것은 철학의 방법이 어떤 특정한 형식으로 고착되어야 한다는 의미가 아니라 그것을 통해 학문적 대화를 이끄는 기술[예술]이 재창작되고 위대한 활동으로 전위되기까지 참된 철학의 정신이 유례없이 다시 만개할 수 있다는 점만을 상기(erinnern)시키고자 한다.

조합[결합]적인 혹은 발생학적인 방법과 종합적인(synthetisch) 방법은 일치한다(übereinstimmen). 지금까지는 그 방법을 가지고 개별자에만 머물러 있었을 뿐이다. 그 방법들은 철학이 단순히 변증법적이어야만 한다는 것이 아니라 역사 속으로 해소되어야 한다는 점에서 일치한다. 모든 조합적이고 발생학적인 방법은 따라서 **역사적**이기도 하다.

역사의 기초에 관한 지는 생성에 관한 지이어야만 | 한다. 그러나 실재적인 것과 관계하지 않는 것은 결코 지일 수가 없다. 지는 물론 실재적인 것에 관한 사려 깊은 사유일 뿐이다. 역사가 알만한 가치가 있는 사건들을 이야기하는 것이라고 할 때, 필요한 것은 그것이 실재적인 사건들이어야만 한다는 것이다. 관심은 실재적인 것을 고집한다.

관심적인 것[흥미로운 것은 선과 악의 내적인 투쟁과 관계하는 것 혹은 신성으로 이끄는 것이다. 모든 각각의 개체는 역사일 수 있으며, 역사이어야 한다.

우리는 개체에게 관심이 있는 것을 표현하는 개념을 찾아야만 한다. 그것은 **고전적인 것**이라는 개념이다. 사람들은 이 개념을 늘 펼쳐왔지만, 부당하게도 예술에 대해서만 그렇게 해왔다.

고대인들에게 고전적이란 자기 고유의 이상에 따라 개체가 완성되는 것을 의미한다. 또한 그것은 자기류(seiner Gattung)에 따르는 것이기도 하며 따라서 그 류(類)가 다시 이상이다. |

우리는 우리의 철학적 탐구들을 하나의 **전망**으로 마감한다. 즉 우리는 철학이 절대적으로 완성되기를 바라지 않으며 완성될 수도 없다는 전망으로 말이다.

실로 그 전망은, 세계는 **자연**이라는 것에서 증명된다. 뿐만 아니라 철학의 한계들의 규정 또한 예술들과 학문들의 유기적 전체 속에서 증명된다.

역사가 백과사전 및 논쟁과 맺고 있는 긴밀한 연관은 **흥미로운[관심적인]** 및 고전적인 이라는 개념들을 통해 뚜렷하게 드러난다. **흥미로운** 것은 선이 아직 결정되지 않은 곳에서 존재하며, 객관적인 관심은 실재적인 것에 있는 것이다. 흥미로운 것은 자연에서의 선과 악의 여전히 미결정적인 투쟁과, 즉 신성의 흥망과 관련되어 있는 것이다. **고전적인** 것은 개체(Individuo) 속에 개체(Individuum)로서 실재하는 것이다. 이 개념은 따라서 예술의 영역에서 채택되어 보다 높은 것으로 전의된 것이다. | 이 개념은 실재성을 개체에서 지니는 것, 보다 정확히 말해 최고의 지점을, 그것도 자기의 이상과 가장 가까운 곳에 위치하는 지점을, 즉 최고의 실재성을 개체에서 지니는 것이다.

흔히 볼 수 있듯이 이 개념, 즉 고전적인 것의 개념은 자연사에도 적용될 수 있다.

고전적인 것이라는 개념은 백과사전의 중심개념이다. 백과사전은 유기적 통일성을 상이한 예술들과 학문들 속에서 입증해내야 한다.

흥미로운 것은 논쟁과 관계한다. 논쟁은 보편적인 전달이라는 전제에 기초하는 것이 아니라 자연의 미완성에, 즉 선과 악의 미결정적인 투쟁에 기초한다.

우리는 지금도 여전히 '흥미로운'과 '고전적인' 사이의 매개념[중간개념]을 찾아야만 한다. 이 개념은 동시에 역사의 형식과 질료를, 혹은 최고의 역사를 규정하게 된다. | 개체와 그의 이상간의 합치는 늘 자연의 은총으

로 간주되어 왔는데, 또한 그것은 천재의 특징이기도 하다.

천재가 바로 매개념[중간개념]이다. 천재는 최고의 정신적인 능력을 가리킨다. 그것은 단순히 보편적이어서는 안 되며 개별적이기도 해야 한다. 따라서 실재성은 고전적인 쪽이다.

그것이 정신적인 능력이라면 그것이 생산하는 것은 하나의 영원한 실재성일 수 있으며 따라서 단순히 개체 속이 아니라 우주(보편자) 속에 존재할 수 있다.

역사의 질료는 이제 천재적 혹은 '흥미로운'과 '고전적인'을 통하여 보다 정확하게 규정된다. 그에 따라 천재의 개념도 더 정확하게 규정된다. 천재는 고립적이지 않게 생각할 수 있기 때문이다. 그것은 전체의 조화에서만 살아 있다.

우리는 정신적인 것 이외에는 어떤 다른 실재성을 인정하지 않기 때문에 실재적인 것은 모두 천재적이다. 관념론은 자연을 하나의 예술작품과, 하나의 시와 같은 것으로 본다. | 인간은 마치 세계를 창작하는(dichten) 것 같다. 그가 아는 것은 오로지 그것이 같지 않다는 것 뿐.

철학에 대한 전망은 이미 백과사전과 논쟁에 들어 있으며, 우리는 그에 대해 여전히 남아있는 문제들만을 제기해야 한다.

그것은 하나의 전체가 되어야 한다.

분리는 중단되어야 한다.

실재적인 것은 오직 하나만 존재한다. 모든 예술들과 학문들이 그것의 본질이다.

철학은 개혁을 구성해야 한다. 예술들과 학문들의 유기적 전체는 각각의 개별자가 전체로 화하는 그러한 것이다. 정치가 종교와 도덕을 결합시켰던 것과 마찬가지로 모든 예술들과 학문들을 하나로 결합시키는 하나의 학문은, 따라서 신적인 것을 생산하는 예술(기술)일 수도 있으며 마술(Magie) 말고는 어떤 다른 이름으로 불릴 수 없을 것이다.

1801년 3월 24일 완성

프리드리히 슐레겔 주요 연보*

*이 연보는 Behler, E.: Friedrich Schlegel, 장상용 역, 『슐레겔』, 행림출판사(1987) 151~153쪽을 전재(全載)함. 일부 표기 등은 수정함.

1772년 : 3월 10일, 교구 총감독 요안 아돌프 슐레겔과 그의 부인 요안나 크리스티아네 에르트무테(힙쉬 가문 출신)의 아들로 하노버에서 출생.

1788년 : 라이프치히의 은행가 슐렘 밑에서 견습 행원이 됨.

1788-89년 : 하노버에서 대학입학준비, 플라톤을 탐독.

1790년 : 형인 아우구스트 빌헬름 슐레겔과 함께 괴팅엔 대학에서 법률전공.

1791년 : 라이프치히 대학으로 이적하여 학업을 계속, 〈독서광(讀書狂)〉의 시기. 직업적 비평가가 되기로 결심.

1792년 : 1월에 노발리스와 친분을 맺고, 5월에 드레스덴으로 단기간 여행 중 실러 (Friedrich von Schiller)와 처음으로 만남.

1793년 : 8월에 카롤리네(Karolinne)를 알게 됨.

1794년 : 1월부터 드레스덴 대학에 이적. 개인적으로 희랍문학 및 문화사 연구에 열중. 「희랍문학의 여러 학파에 관하여(Von den Schulen der griechischen Poesie)」.

1795년 : 실러가 아우구스트 빌헬름 슐레겔을 〈호렌(Horen)〉지(誌)의 동인으로서 예나로 초청.

1796년 : 7월 1일, 아우구스트 빌헬름 슐레겔과 카롤리네가 결혼, 두 부부는 예나에 거주. 프리드리히 슐레겔은 J. Fr. 라이하르트 주재의 〈도이칠란트(Deutschland)〉지 동인이 되어 여름에 예나로 옮김. 실러와 불화, 괴테와 친분을 맺고 노발리스와 우정을 회복. 「공화주의의 개념(Über den Begriff des Republikanismus)」, 「야코비의 볼데마르 (Jakobi's Woldemar)」.

1797년 : 「희랍인과 로마인(Die Griechen und Römer)」. 「고전고대에 대한 역사적, 비판적 시도(Historische und Kritische Versuche über das Klassische Altertum)」 (연구논문출판), 「게오르크 포르스터(Georg Forster)」, 「레싱에 대하여(Über

Lessing)』. 7월부터 라이하르트의 〈리체움(Lyceum)〉지 동인으로 베를린에 거주. 루드비히 티크(10월), 헨리에테 헤르츠, 라엘 레빈 및 도로테아 파이트(늦여름)들과 친분을 맺음. 슐라이어마허와 친분이 두터웠던 시기.

1798년 : 5월에 〈아테네움(Athenäum)〉지 제1권 발간. 아우구스트 빌헬름 슐레겔, 카롤리네, 노발리스, 피히테 및 셸링 등과 여름에 잠정적으로 드레스덴에 체류.

1799년 : 1월에 도로테아가 지몬 파이트와 이혼. 가을에 〈루친데(Lucinde)〉 출판. 9월에 예나로 이주, 낭만파의 동인들(아우구스트 빌헬름 및 프리드리히 슐레겔, 카롤리네, 도로테아, 티크, 노발리스, 셸링 등) 거의 모두가 모임.

1800년 : 예나 대학에서 교수자격시험을 치름. 겨울학기에 『초월철학(Transzendental phiosophie)』을 강의. 8월에 〈아테네움〉의 최종판이 나옴.

1801년 : 3월 25일에 노발리스 사망. 4월에 베를린으로 이사. 라엘 레빈과 친밀하게 지냄. 『성격규정과 비평(Charakteristiken und Kritiken)』.

1802년 : 1월 17일, 드레스덴으로 이사. 5월에 라이프치히에 가다. 5월 29일 바이마르에서 희곡 〈알라르코스(Alarcos)〉 초연. 7월에 파리도착. 독일문학과 철학에 대해 강연.

1803년 : 2월에 〈오이로파(Europa)〉지 제1권 발간. 11월부터 유럽문학사 강연.

1804년 : 4월 6일 도로테아와 결혼. 보아스레 형제와 동행하여 북 프랑스, 벨기에를 거쳐 쾰른으로 향함. 「레싱의 사상과 의견, 그의 저술을 통한 해명(Lessings Gedanken und Meinung aus dessen Schriften zusammengestellt und erläutert)』. 쾰른 강의의 시기. 10월 초순부터 11월 중순까지 제네바 호반 콥페성으로 슈탈 부인과 아우구스트 빌헬름 슐레겔을 방문.

1805년 : 쾰른에서 세계사, 철학 입문 및 논리학 강연. 중세의 철학 및 역사연구. 〈오이로파〉지 최종판 출판.

1806년 : 『1806년도 문학수첩(Poetisches Taschenbuch für das Jahr 1806)』. 11월부터 노르만디의 아코스타성으로 슈탈부인을 방문. '초월철학'을 개인교수.

1807년 : 독일어 및 독일문학에 대해 쾰른에서 강의.

1808년 : 『인도인의 언어와 지혜에 관하여(Über Sprache und Weisheit der Inder)』. 4월 18일 가톨릭으로 개종. 4월에 바이마르, 드레스덴을 거쳐 비엔나로 향함.

1809년 : 3월 29일, 비엔나 정부 파견군 궁정위원회 비서관에 임명됨. 칼 대공의 사령부 소속으로 아스페른 및 바크람 전투 참가. 6월 24일부터 〈오스트리아 신문(Österreichischen Zeitung)〉 창간. 8월 초순부터 12월까지 헝가리에 종군.

1810년 : 2월 19일부터 5월 9일까지 비엔나에서 근대사 강연. 3월 1일, 〈오스트리아 옵저버(Österreichen Beobachter)〉 신문 창간.

1811년 : 근대사 강연집 출간. 프란츠 폰 바더와 친밀한 교제.

1812년 : 〈도이체스 무제움(Deutsches Museum)〉지 발간. 2월 27일부터 4월 30일까지 비엔나에서 고대 및 근대 문학사 강연.

1813년 : 4월 이후, 메테르니히의 지시로 독일연방의회를 위한 정치적 건의서나 헌법초안을 작성.

1814년 : 『고대 및 근대 문학사(Geschichte der alten und neuen Literatur)』. 강연집 출판. 건의서나 신문논설로 비엔나 회의에 참여.

1815년 : 교황으로부터 그리스도 훈장을 수여받음. 메테르니히에 의해서 파견사절단 참사관으로 임명. 11월 이후 프랑크푸르트의 독일연방회의에 참가.

1816-1817년 : 프랑크푸르트 연방회의에서 홍보 및 외교활동.

1818년 : 4월에 도로테아가 로마로 향발. 9월 프랑크푸르트에서 소환됨. 뮌헨으로 여행. 야코비와 셸링을 방문. 바이에른의 루드비히 황태자와 처음 상면.

1819년 : 2월부터 8월까지 프란츠 황제와 메테르니히를 수행하여 이탈리아를 여행. 도로테아와 함께 비엔나로 돌아감.

1820년 : 여름에 〈콩코르디아(Concordia)〉지 제1권 발간. 전집 제1권 발간. 아담 뮐러, 프란츠 폰 바더, 프란츠 폰 부흐홀츠 및 차하리아스 베르너와 협력하여 후기 낭만파 성립.

1823년 : 4월에 〈콩코르디아〉 최종판 간행.

1825년 : 최초의 전집이 10권에서 중단.

1827년 : 아우구스트 빌헬름 슐레겔의 〈몇 몇 오해의 해명〉 사건으로 인해서 슐레겔 형제는 결정적인 절교. 3월 25일부터 5월 31일까지 비엔나에서 생 철학을 강의.

1828년 : 『생 철학(Philosophie des Lebens)』 강연집 출판. 3월 31일부터 5월 30일까지 비엔나에서 역사철학을 강연. 『역사철학(Philosophie des Geschichte)』 강연집 출판. 12월부터 드레스덴 체류. 티크와 재회. 언어철학에 대한 강의.

1829년 : 1월 11일에서 12일 사이의 밤에 드레스덴에서 사망.

참고문헌

1. 프리드리히 슐레겔의 저작

1) Kritische Friedrich–Schlegel–Ausgebe (약어 'KA')
Herausgegeben von Ernst Behler unter mitwirkung von Jean–Jacques Anstett
und Hans Eichner, Ferdinad Schöningh Verlag, Paderborn

KA I. Studien des klassischen Altertums
Eingeleitet und herausgegeben von Ernst Behler(1979)

KA II. Charakteristiken und Kritiken I (1796–1801)
Herausgegeben und eingeleitet von Hans Eichner(1967)

KA XI. Wissenschaft der Europäischen Literatur(1795–1804)
Mit Einleitung und Kommentar
herausgegeben von Ernst Behler(1958)

KA XII. Phiosophische Vorlesungen I (1800–1807)
Mit Einleitung und Kommentar
herausgegeben von Jean–Jacques Anstett(1964)

KA XIII. Phiosophische Vorlesungen II (1800–1807)
Mit Einleitung und Kommentar
herausgegeben von Jean–Jacques Anstett(1964)

KA XIV. Vorlesungen über Universalgeschichte(1805–1806)
Mit Einleitung und Kommentar
herausgegeben von Jean–Jacques Anstett(1960)

KA XVIII. Philosophische Lehrjahre(1796–1806)

Mit Einleitung und Kommentar
herausgegeben von Ernst Behler(1963)

KA XXIII. Bis zur Begründung der Romantischen Schule(15. Sep. 1788–15. Jul. 1797)
Mit Einleitung und Kommentar
herausgegeben von Ernst Behler(1987)

2) 『Friedrich Schlegel: Neue Phiosophische Schriften』 (약어 'NPS')
Erstmals in Druck gelegt, erläutert und mit einer Einleitung in Fr. Schlegels
philosophischen Entwicklungsgang versehen von Josef Körner, Verlag Gerhard
Schulte–Blumke, Frankfurt a. M.(1935)

3) 『Friedrich Schlegel: TranscendeltalPhiosophie』 (약어 'TP')
Eingeleitet und mit Erläuterungen versehen von Michael Elsässer, Felix Meiner
Verlag, Hamburg(1991)

2. 기타 저작 :

Behler, E. : Friedrich Schlegel, 장상용 역, 『슐레겔』, 행림출판사(1987)

_____: Fr. Schlegels Vorlesungen über Transzendentalphilosophie, im
『Transzendentalphilosophie und Spekulation Bd.2』 Hrsg. von Walter Jaeschke,
Felix Meiner Verlag(1993)

_____: Studien zur Romantk und zur idealistischen Philosophie 2, Fredinand
Schöningh(1993)

_____: German Romantic Literary Theory, Cambridge Univ. Press(1993)

_____: Origins of Romantic Aesthetics in Friedrich Schlegel, Canadian Review of Comparative Literature(1980)

Beiser, F. : The Romatic Imperative: The Concept of Early German Romanticism, 김주휘 역, 『낭만주의의 명령, 세계를 낭만화하라』, 그린비(2011)

_____: Hegel, 이신철 역, 『헤겔』, 도서출판 b(2012)

Benjamin, W. : Der Begriff der Kunstkritik in der deutschen Romantik, 심철민 역, 『독일 낭만주의의 예술비평 개념』, 도서출판 b(2013)

Bloch, E. : Zwischenwelten in der Philosphiegeschichte aus Leibziger Vorlesungen, 박설호 역, 『서양 중세 · 르네상스 철학강의』, 열린책들(2008)

Breazeale, D. & Rochmore, T.(edit.), Fichte, German Idealism, and Early Romanticism(Fichte–Studien–Supplementa Bd. 24), Rodopi B.V.(2010)

Bubner, R. : Modern German Philosophy, 김우철 역, 『현대독일철학』, 문예출판사(1986)

Carr, W.: A History of Germany 1815~1945, 이민호 · 강철구 역, 『독일근대사-독일 연방에서 제정독일까지』, 탐구당(1986)

Colebrook, C. : Irony, Routledge(2004)

Deleuze, G. : Différence et répétition, 김상환 역, 『차이와 반복』, 민음사(2004)

Eliade, M. : Images et Symboles, 이재실 역, 『이미지와 상징』, 까치글방(1998)

Fichte, J.G. : Grundlage der gesammte Wissenschaftslehre, als Handschrift für

Zuhörer, 한자경 역, 『전체 지식론의 기초』, 서광사(1996)

_____: Über den Begriff der Wissenschaftslehre oder der sogenannte Philosophie, 이신철 역, 『학문론 또는 이른바 철학의 개념에 관하여』, 철학과 현실사(2005)

Förster, E. & Melamed, Y. : Spinoza and German Idealism, Cambridge Univ. Press(2012)

Frank, M. : The Philosophical Foundations of Early German Romanticism, trans. by Millián-Zaibert, State Univ. of New York Press(2004)

Frischmann, B. : Friedrich Schlegels Platonrezeption und das hermeneutische Paradigma, Heft 11/2001 Athenäum 11, Humboldt Uni. zu Berlin

_____: Vom transzendentalen zum frühromantischen Idealismus J.G. Fichte und Fr. Schlegel, Fredinand Schöningh,(2005)

Grunnet, S. E. : Die Bewußtseinstheorie Friedrich Schlegels, übersetzt von Harbsmeier, E., Fredinand Schöningh,(1994)

Guthrie, W.K.C. : The Greek Philosophers-From Thales to Aristotle, 박종현 역, 『희랍철학입문』, 서광사(2000)

Hartmann, N. : Die Philosophie des deutschen Idealismus, 이강조 역, 『독일관념론 철학 I 』, 서광사(1989)

Heine, H., : Die romantische Schule, 정용환 역, 『낭만파』, 한길사(2004)

Hoffmann, E.T.A. : Der Sandmann, 김현성 역, 『모래 사나이』, 문학과 지성사(2011)

Horkheimer, M. & Adorno, T. : Dialektik der Aufklärung, 김유동 외 역, 『계몽의 변증법』, 문예출판사(1995)

Hölderlin, Fr. : Hyperion, 장영태 역, 『휘페리온』, 을유문화사(2008)

Hösle, V. : Hegels System, 권대중 역, 『헤겔의 체계1』, 한길사(2007)

_____: Die Philosophie der ökologischen Krise, 신승환 역, 『환경위기의 철학』, 서강대출판부(1997)

Jacobi, F. H. : Über die Lehre des Spinoza, 최신한 역, 『스피노자 학설』, 지만지 (2014)

Kaulbach, Fr. : Immanuel Kant, 백종현 역, 『칸트 비판철학의 형성과정과 체계』, 서광사(1992)

Kroner, R. : Von Kant bis Hegel, 연효숙 역, 『칸트에서 헤겔까지1』, 서광사(1998)

Leibniz, G.W. : La Monadologie, 배선복 역, 『모나드론 외』, 책세상(2007)

Millián–Zaibert, E. : Friedrich Schlegel and the Emergence of Romantic Philosophy, State Univ. of New York Press(2007)

Novalis : Die Blaue Blume, 신영환 역, 『푸른 꽃』, 종이나라(2005)

Platon : Symposium, 강철웅 역, 『향연』, 이제이북스(2010)

Pöggeler, O. : Hegels Kritik der Romantik, Wilhelm Fink Verlag(1999)

Rand, A. : The Romantic Manifesto, 이철 역, 『낭만주의 선언』, 열림원(2005)

Safranski, R. : Romantik—eine deutsche Affare, 임우영 외 역, 『낭만주의—판타지의 뿌리』, 한국외대출판부(2012)

Schanze, H.(Hrsg.) : Friedrich Schlegel und die Kunsttheorie Seiner Zeit, Wissenschaftliche Buchgesellschaft Darmstadt(1985)

Schelling, F.W.J. : Ideen zu einer Philosophie der Natur, 한자경 역, 『자연철학의 이념』, 서광사(1999)

_____: System des Transzendentalen Idealismus, 김혜숙 역, 『선험적 관념론의 체계』, 지만지(2010)

Schlegel, Fr. : Friedrich Schlegel's Lucinde and the Fragments, tras. Firchow, P., Univ. of Minnesota Press(1971)

_____: Über das Studium der griechischen Poesie, 이병창 역, 『그리스문학연구』, 먼빛으로(2015)

Schulz, G. : Novalis, 이은화 역, 『노발리스』, 행림출판(1982)

Spinoza, B. : Ethica, 황태연 역, 『에티카; 지성교정론』, 피앤비(2011)

 ne of ideas, 양태범 역, 『미적 경험과 플라톤의 이데아론』, 누멘(2011)

Taylor, C. : Hegel, 정대성 역, 『헤겔』, 그린비(2014)

_____: The Malaise of Modernity, 송영배 역, 『불안한 현대사회』, 이학사(2001)

Watanabe, J. : Transzendentalphilosophie und Philosophie des Lebens bei Friedrich Schlegel, JTLA(Journal of Faculty of Letters, The Univ. of Tokyo, Aesthetics), Vol.28(2003)

강돈구, 『슐라이어마허의 해석학』, 이학사(2000)

김문철, 『독일낭만주의 희극론—루드비히 티크를 중심으로』, 여송(2002)

김상환, 「인문적 상상력과 사회적 상상력」, 동방학지 제149집(2010)

김율, 『서양고대미학사강의』, 한길사(2010)

김진, 「낭만주의의 신화해석 : 문화적 정치신학의 기원」, 사회와 철학 제18호(2009)

김진수, 『우리는 왜 지금 낭만주의를 이야기하는가』, 책세상(2014)

남경희, 『플라톤』, 아카넷(2007)

谷喬夫(다니다까오), ヘーゲルとフラソクフルト學派—政治哲學の根本問題—, 오세진 역, 『헤겔과 프랑크푸르트 학파』, 진흥문화사(1983)

박기순, 「스피노자의 역량의 존재론과 균형개념」, 철학사상 제22권(2006)

박진,「낭만주의 미학의 철학적 기초—피히테와 슐레겔을 중심으로—」, 문화콘텐츠 연구 제9집(2004)

박현용, 『프리드리히 슐레겔의 낭만적 아이러니 연구』, 한양대 박사학위논문(2002)

백훈승, 『피히테의 자아론 : 피히테 철학입문』, 신아출판사(2004)

서양근대철학회 엮음, 『서양근대미학』, 창비(2012)

_____, 『서양근대철학』, 창비(2001)

_____, 『서양근대철학의 열 가지 쟁점』, 창비(2004)

신승환, 『포스트모더니즘에 대한 성찰』, 살림(2003)

심철민, 『셸링 「예술철학」에 나타난 예술개념의 분석』, 서울대 박사학위논문(2005)

안삼환 · 임정택 공편, 『프랑스혁명과 독일문학』, 열음사(1990)

오형엽, 「발터 벤야민의 문예이론 고찰 – 아이러니와 알레고리를 중심으로」, 비평문학(2009)

윤병태, 「Fr. 슐레겔의 '낭만주의적 아이러니' 개념과 그 역사성」, 헤겔연구 10호(2002)

육현승, 「마틴 발저의 '부정의 아이러니'에 대하여」, 독일문학 43권 1호 통권 제81집(2002)

이관형, 「Fr. 슐레겔의 '초월철학강의' 연구—독일 초기 낭만주의의 철학적 기원」, 서울대 박사학위 논문(2015)

_____, 「헤겔의 '낭만적 반어'비판에 대하여」, 시대와 철학, 제24권 1호(2013)

이광모, 「철학은 학문인가?–칸트와 헤겔을 중심으로」, 헤겔연구 19호(2006a)

_____, 「이성의 자기비판과 그 한계–칸트의 구성개념에 대한 셸링의 비판」, 헤겔연구 20호(2006b)

_____, 「이성의 자기구성과 독일관념론의 출발 – 칸트에서 피히테로」, 헤겔연구 23호 (2008)

_____, 「'이성학문'의 한계와 독일관념론의 몰락」, 헤겔연구 25호(2009)

이남인, 『현상학과 해석학』, 서울대출판부(2004)

이상봉, 「플라톤 철학에 있어서 신화의 역할」, 철학연구 제120집, 대한철학회(2011)

이상헌, 「수학적 구성과 선험적 종합판단」, 칸트연구 제18집(2006)

이정호, 「서양고대사상에 있어서 자연학과 윤리학의 관계 및 정치철학적 함의」, 통합인 문학연구 제2권 1호(2010)

이준모, 『밀알의 노동과 공진화의 교육』, 한국신학연구소(1994)

_____, 『생태철학』, 문사철(2012)

이창환, 「예술의 "철학"으로서의 헤겔미학」, 미학 제17집(1992)

_____, 「헤겔의 반성규정들의 체계와 예술철학」, 헤겔연구 15호(2004)

장남준, 『독일낭만주의연구』, 도서출판 나남(1989)

전영애 · 인성기, 「포스트모더니즘의 인식론적 기초로서의 슐레겔의 낭만주의 예술론」, 독어교육 25권(2002)

지명렬, 『독일낭만주의총설』, 서울대출판부(2000)

_____, 『독일낭만주의 연구』, 일지사(1984)

최문규, 『독일낭만주의』, 연세대출판부(2005)

_____, 「독일 초기낭만주의와 주체의 해체」, 독일언어문학 제14집(2000)

최신한, 「초기 낭만주의와 무한한 접근의 철학」, 철학연구(대한철학회) 제117집(2011)

하선규, 「예술과 문화─칸트, Fr. 슐레겔, 키에르케고어, 니체를 돌이켜보며」, 인문학연구 제39집(2010)

한자경, 『자아의 연구』, 서광사(1997)

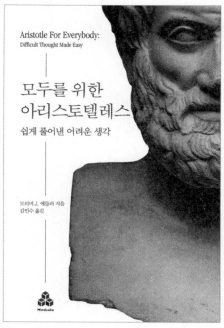

Aristotle For Everybody:
Difficult Thought Made Easy

모두를 위한
아리스토텔레스

쉽게 풀어낸 어려운 생각

모티머 J. 애들러 지음
김인수 옮김

Mindcube

아리스토텔레스 철학 전반에 대한 대중적 소개서. 미국의 저명한 철학자이자 인문학자, 독서운동가였던 모티머 J. 애들러(1902–2001)의 "Aristotle for Everybody"를 번역한 책.

아리스토텔레스의 철학을 제작학('만드는 자'), 실천학('행하는 자'), 이론학('아는 자')으로 크게 나누어 소개하고 있으며, 특히 유명한 '4원인론'(질료인, 운동인, 형상인, 목적인)과 '질료형상론'을 쉽고도 재미있게 설명함으로써 누구나 아리스토텔레스 철학의 전체를 통찰할 수 있도록 돕고 있다. 어려운 설명이나 전문용어를 가급적 피하고 일상의 친근한 사례를 들어 누구나 이해할 수 있도록 세심한 노력을 기울였다.

"아리스토텔레스와 떠나는 즐거운 철학소풍"인 이 책은 독자들에게 인문학적 사고의 바탕을 갖도록 하는 데 큰 도움이 되어줄 것이다.

프리드리히 슐레겔의 초월철학강의

지은이 ㅣ 프리드리히 슐레겔(Friedrich Schlegel)
옮긴이 ㅣ 이관형

펴낸곳 ㅣ 마인드큐브
발행인 ㅣ 김인수
편집부 ㅣ 현윤식 김서연
디자인 ㅣ 서용석

출판등록 ㅣ 제 2014-000009호(2014년 7월 7일)
주   소 ㅣ 경기도 의정부시 오목로 72, 403-502
이메일 ㅣ mind@mindcube.kr
전   화 ㅣ 편집 070-4086-2665
          마케팅 031-945-8046(팩스 : 031-945-8047)

초판 1쇄 발행 ㅣ 2017년 3월 5일
초판 2쇄 발행 ㅣ 2017년 12월 15일
ISBN ㅣ 979-11-953277-4-4 03100